LA
GUERRA
ESTÁ GANADA

LA
GUERRA
está GANADA

EMILIO ABREU

La mayoría de los productos de Casa Creación están disponibles a un precio con descuento en cantidades de mayoreo para promociones de ventas, ofertas especiales, levantar fondos y atender necesidades educativas. Para más información, escriba a Casa Creación, 600 Rinehart Road, Lake Mary, Florida, 32746; o llame al teléfono (407) 333-7117 en Estados Unidos.

La guerra está ganada por Emilio Javier Abreu
Publicado por Casa Creación
Una compañía de Charisma Media
600 Rinehart Road
Lake Mary, Florida 32746
www.casacreacion.com

A menos que se indique lo contrario, los textos bíblicos han sido tomados de la versión Reina-Valera © 1960 Sociedades Bíblicas en América Latina; © renovado 1988 Sociedades Bíblicas Unidas. Utilizado con permiso.

Visite la página web del autor: www.cfa.org.py

Edición por: Ofelia Pérez (powerlion7@gmail.com)
Director de diseño: Justin Evans
Diseño de portada por: Lisa Cox

Library of Congress Control Number: 2014940358
ISBN: 978-1-62136-817-5
E-Book ISBN: 978-1-62136-818-2

Impreso en los Estados Unidos de América
14 15 16 17 18 * 6 5 4 3 2 1

AGRADECIMIENTOS

Agradezco al Señor Dios todopoderoso a quien amo y sirvo, por otorgarme las fuerzas necesarias para seguir adelante y ayudarme en mi diario caminar.

A mi amada esposa Betania, por su constante aliento, amor y perseverancia en el ministerio.

A mis queridos hijos Rebekah y Joshua, por su comprensión e incondicional apoyo.

A mis apreciados colaboradores, a mis amigos y a toda la feligresía que comparten conmigo el sueño de ver a mi amada nación, Paraguay, convertida a Cristo.

CONTENIDO

INTRODUCCIÓN

EN EL AÑO 1976, me hallaba en los Estados Unidos cursando la carrera de negocios en la Universidad de Indiana, gracias a una beca deportiva de natación. Ni se me cruzaba por la mente todas las experiencias que el Creador del Universo tenía preparadas para mi vida.

A la par de mis estudios académicos, practicaba con rigurosa disciplina el deporte que me había llevado a dicho país del norte, con miras a competir en las Olimpiadas. Por consiguiente, mis únicas metas eran la carrera universitaria y la natación. Sin embargo, el Señor había dispuesto otros planes que me cambiarían para siempre. En el curso lectivo de ese año me ocurrieron las dos cosas más importantes de mi vida. Había aceptado al Señor Jesucristo como mi salvador y esa conversión cambió totalmente mi existencia. Un mes más tarde recibí el bautismo en el Espíritu Santo con la evidencia externa de poder hablar en lenguas.

En ese lapso, nuevos compañeros se habían incorporado al equipo de nadadores y nuestro entrenador, Ralph Johnson, junto con el asistente Chip Christie, compartían la Palabra de Dios antes de los entrenamientos. De esta manera, fuimos adiestrados, no solamente en la práctica deportiva, sino también edificados espiritualmente. Todo lo aprendido lo aplicábamos en el equipo orando unos por los otros y viendo cómo el Señor se manifestaba con poder por medio de las sanidades.

Una madrugada, inesperadamente me despertaron y me pidieron que fuera a orar por uno de los nadadores que no se encontraba bien. Cuando llegué al lugar, de inmediato me di cuenta que el compañero se hallaba oprimido por un espíritu inmundo y por lo tanto, a través suyo se estaba manifestando la opresión demoníaca. Era la primera vez que nos presentábamos ante un caso de esta naturaleza, carecíamos de la debida experiencia, pero pusimos en práctica las enseñanzas que habíamos aprendido de nuestros instructores y tomamos autoridad sobre los espíritus. De pronto, uno a uno fue saliendo con gritos y espuma, de la boca de nuestro condiscípulo.

Esta experiencia me sirvió para comprender la realidad del conflicto incuestionable que existe entre las tinieblas y la Luz, al presenciar cómo después de orar con la autoridad otorgada por Cristo, este nadador quedaba libre de toda esa opresión diabólica.

En el transcurso de los años, aquella escena no se borró de mi mente y eso motivó mi deseo de escribir sobre la guerra espiritual, en la cual todos estamos implicados, queramos o no. La guerra espiritual es simple y a la vez compleja porque no se trata solamente de echar fuera demonios, en la forma que me ocurrió la primera vez. Es una tarea importante que nos fue asignada como hijos de Dios, para lo cual se nos delegó autoridad. Es un estilo de vida para el que tenemos que prepararnos; hay mandamientos, está basada en unos principios, requiere unas condiciones y tenemos armas para la victoria.

Como hijos de Dios, debemos involucrarnos intensamente en la guerra espiritual si hemos decidido tomar el país para establecer un modelo de Iglesia-Reino de Jesucristo, rompiendo estructuras espirituales instauradas por años en la nación de Paraguay. Solo con fe, paciencia y determinación podremos lograr ese objetivo, para convertimos en un modelo de país imitable para el mundo.

Es mi deseo que esta enseñanza sobre cómo ganar la batalla por medio de la guerra espiritual, sirva de instrumento de edificación para usted y su iglesia.

Capítulo 1
ESTAMOS EN GUERRA

"Estas, pues, son las naciones que dejó Jehová para probar con ellas a Israel, a todos aquellos que no habían conocido todas las guerra de Canaán; solamente para que el linaje de los hijos de Israel conociese la guerra, para que la enseñasen a los que antes no la habían conocido: los cinco príncipes de los filisteos, todos los cananeos, los sidonios, y los heveos que habitaban en el monte Líbano, desde el monte de Baal-hermón hasta llegar a Hamat".
—Jueces 3:1-3

Cuando oímos sobre los líderes de algunas naciones, como Irán[1], que declaran la desaparición de Israel, percibimos que sigue vigente el mismo resentimiento guiado por los espíritus de destrucción y de guerra contra la nación hebrea que operaba hace miles de años. Estos espíritus, potestades y principados que han manejado a las personas por generaciones, no se van con la fuerza, ni con bombas, ni con ninguna arma humana.

Ante situaciones como esta, la Iglesia de Jesucristo, durante años, ha asumido una actitud muy pasiva. No hemos entendido nuestra posición como hijos de Dios, ni comprendido el poder de la *exusía* o la investidura con la cual hemos sido revestidos por Cristo. Fuimos llamados a establecer el Reino de Dios en la tierra. Ese Reino es la autoridad de Dios, la cual es su Palabra, y empieza por nuestra propia vida. Cuando su autoridad y su dominio se establecen, la Palabra de Dios tiene el control de la persona en su totalidad, empezamos a hacer la buena, agradable y perfecta voluntad de Dios y caminamos en plenitud.

La autoridad de Dios que está sobre una vida es superior a todo lo que pueda venir en contra de ella. Cuando el enemigo se manifiesta a través de la ira, el enojo, las ofensas y otras afrentas, el gobierno de Dios en la vida del creyente está por encima de todos esos agravios y ninguno de los dardos del enemigo puede tocarle o hacerle caer. Si esa autoridad no está sobre un hijo de Dios, cualquier pequeña discusión puede hacer explotar grandes contiendas y destruir matrimonios y hogares enteros[2].

Las naciones citadas en el versículo 3, como claramente se expresa en la Biblia, fueron dejadas solamente para que Israel aprendiera y se adiestrara en las estrategias de la guerra. Hoy, de la misma manera, la Iglesia debe aprender a hacer la guerra contra su adversario. Ahora entendemos por qué Satanás fue dejado libre: para que nosotros (usted y yo) aprendamos a hacer la guerra espiritual.

Este conflicto del que todos los hijos de Dios somos parte, durará hasta que Cristo vuelva y se realice el juicio ante el gran trono blanco, al final de los mil años, cuando sea derrotado el último enemigo de la humanidad, la muerte, sea tirada al lago de fuego y azufre y se polaricen el bien y el mal para siempre. Sin embargo, aunque ya sabemos que la victoria es de Cristo, en este tiempo nosotros seguimos entrenando para la diaria batalla porque el conflicto no ha terminado todavía.

Cuando estamos bajo el dominio de Dios, su Palabra prevalece sobre nuestras vidas y todas las áreas de nuestro ser están bajo su control. Si por ejemplo, nos enfermamos, el cuerpo de por sí, que no se quiere enfermar, se defiende a través del sistema inmunológico. El sistema de defensas actúa de inmediato y se combate la dolencia con las medicinas. Pero no olvidemos que tenemos tres niveles en los cuales podemos batallar: el cuerpo, el alma (la mente) y el espíritu. Mentalmente podemos contender contra la enfermedad rechazándola; espiritualmente, que es lo más poderoso y efectivo, debemos proclamar las promesas de la Palabra de Dios porque estamos bajo su autoridad y su Palabra tiene poder sobre nuestras vidas. En caso contrario, si estamos fuera de la cobertura divina, el adversario adquiere ventaja. En consecuencia, la pelea se vuelve solo natural y mental y tal *vez* obtengamos algún resultado, pero no podremos reclamar el cumplimiento de la Palabra de Dios sobre nuestras vidas.

Nuestras armas no son carnales

"Porque las armas de nuestra milicia no son carnales, sino poderosas en Dios para la destrucción de fortalezas, derribando argumentos y toda altivez que se levanta contra el conocimiento de Dios, y llevando cautivo todo pensamiento a la obediencia a Cristo".

—2 Corintios 10:4-5

El cristiano no puede tener una *vida* espiritual pasiva. Por el contrario, esta debe ser bien ofensiva. Desde que nos convertimos en hijos de Dios, simultáneamente nos convertimos en mega enemigos de Satanás. Desde ese momento en que asumimos la posición de hijos de Dios, recibiendo a Jesús como Señor y Salvador, somos transferidos de un reino a otro reino: del reino de las tinieblas al Reino de la luz. Esos dos reinos están en constante guerra y nosotros no podemos vivir como simples hijos de Dios. Su Palabra, en Apocalipsis 1:6, declara que los creyentes somos reyes y sacerdotes. Somos reyes porque pertenecemos a un reino para gobernar y para avanzar hacia delante en la conquista de las almas; y sacerdotes para ministrar a Dios.

Si el reino de las tinieblas se opone al Reino de la luz, nosotros como hijos de Dios, somos integrantes de su ejército y por consiguiente, debemos prepararnos para la guerra. No tenemos excusa diciendo que estamos en la retaguardia, en la parte de atrás del ejército y viviendo livianamente sin hacer nada, porque principalmente esta es una guerra por nuestras propias vidas. Aunque queramos ignorar a Satanás y decidir *"no meternos"* con él, estamos en su mira y él *va* a atacarnos al menor descuido.

> "Porque no tenemos lucha contra sangre y carne, sino contra principados, contra potestades, contra los gobernadores de las tinieblas de este siglo, contra huestes espirituales de maldad en las regiones celestes".
> —EFESIOS 6:12

La Palabra nos advierte que tenemos una constante lucha y esta no es contra carne ni sangre. Debemos entender y ser conscientes de que nuestros verdaderos enemigos son el diablo y sus demonios. ¿Qué, pues, debemos hacer? Equiparnos apropiadamente de acuerdo a las instrucciones que dice la Biblia y tomar las armas que el Señor nos confiere.

> "Las armas de nuestra milicia no son carnales, sino poderosas en Dios para la destrucción de fortalezas".
> —2 CORINTIOS 10:4

¿Cómo se aplica esta porción de la Palabra? Por ejemplo: si en un matrimonio existe un problema, el arma carnal de la esposa puede ser no hablarle al marido ni dejar que él la toque. Entonces el marido también usa el arma carnal y decide no darle dinero.

¡No! En este conflicto, las armas carnales no funcionan. Esta es una guerra espiritual y nuestras armas son espirituales. En 1 Corintios 13:13 nos dice:

> "Y ahora permanecen la fe, la esperanza y el amor, estos tres; pero el mayor de ellos es el amor".

Tres cosas son poderosas: la fe, la esperanza y el amor. Si existe un problema entre los cónyuges, la única solución es el amor y el perdón. Nuestras armas no son carnales. La razón nos va a guiar a que sigamos el mismo modelo que siguieron nuestros antepasados (la mentira, la violencia, el maltrato), pero las armas carnales no tienen poder. ¿Cómo dice la Biblia que se vence el mal? Con el bien.

> "No seas vencido de lo malo, sino vence con el bien el mal".
> —ROMANOS 12:21

EL REINO DE DIOS ESTABLECIDO DESTRONA EL REINO DE LAS TINIEBLAS

> "Y les dijo: Id por todo el mundo y predicad el evangelio a toda criatura. El que creyere y fuere bautizado, será salvo; mas el que no creyere, será condenado. Y estas señales seguirán a los que creen: En mi nombre echarán fuera demonios; hablarán nuevas lenguas; tomarán en las manos serpientes, y si bebieren cosa mortífera, no les hará daño sobre los enfermos pondrán sus manos, y sanarán".
> —MARCOS 16:15-18

Ir y predicar, como se nos habla aquí, no es una sugerencia de Cristo a la Iglesia; es un mandamiento. Nuestra parte en esta guerra espiritual es predicar las buenas nuevas. El que cree, se salva. El que no cree, se pierde. Por lo tanto, nuestro deber es predicar. ¿De qué señales se nos habla aquí, que acompañan a los que creen? De echar fuera demonios, hablar nuevas lenguas (espirituales), de tomar en las manos serpientes y si bebemos cosas mortíferas no sufriremos daño, de imponer manos sobre los enfermos para que ellos sanen.

Cuando Jesús envió a predicar a sus discípulos, les mandó a que enseñaran en el Reino de Dios y les dijo:

> "Sanad enfermos, limpiad leprosos, resucitad muertos, echad fuera demonios; de gracia recibisteis, dad de gracia".
>
> —Mateo 10:8

Pero, ¿qué es el Reino de Dios? Es la autoridad de Dios establecida de nuevo sobre la tierra porque Cristo la recuperó. Es por eso que los demonios y las enfermedades tienen que salir, porque Jesús recuperó la autoridad que el hombre, a través de la transgresión, había perdido y la entregó al diablo, quien se convirtió en un pseudo gobernador de la tierra.

Si la predicación de la Palabra es un mandato del Señor, ¿qué debemos predicar? El Reino de Dios. Esa debe ser nuestra misión y, si Dios nos otorga la *exusía* (investidura de su autoridad) es para que, en su nombre, echemos fuera demonios. Si aparece un demonio para crear rencillas y conflictos en la familia, debemos entender que el problema es con el demonio y no entre los cónyuges o los hijos. Entonces, se deben reconocer las circunstancias, arrepentirse, pedirse perdón mutuamente, unirse y orar juntos, tomando autoridad sobre ese espíritu inmundo que intentó destruir el hogar.

Existen peleas, muchas veces, que ni siquiera se sabe por qué se originaron. Empiezan contiendas en la familia y nadie comprende el porqué de ciertas situaciones. Es fundamental poder discernir. ¿Cómo hacerlo? Por medio de la Palabra, como hijos de Dios, tenemos la capacidad de discernimiento, la revelación del mundo espiritual y así podemos entender inmediatamente e ir contra el problema para que ese espíritu no venga a destruir nuestras vidas. Lo mismo debemos hacer si aparecen las enfermedades o los espíritus que roban la bendición económica, cuando somos fieles con Dios. Debemos reconocer de dónde viene el problema y hacer guerra espiritual.

En cierta ocasión, una persona se me acercó preguntando por qué no experimentaba los resultados de su fe. Entonces, le pregunté: "¿Eres fiel con Dios?". "Sí", me dijo. "¿Estás diezmando y ofrendando?". "Sí". "¿Estás en el Salmo 91 (*El que habita al abrigo del Altísimo, morará bajo la sombra del Omnipotente*)?". "Sí", me dijo también. El problema se hallaba en que esta persona no estaba haciendo guerra espiritual. Justamente, a Israel se le dejaron algunas naciones sin derrotar para que los israelitas aprendieran a batallar. Así también hoy, nosotros tenemos que aprender a batallar contra Satanás y sus demonios.

Si nos vienen las adversidades (como una depresión),

tenemos que hacer guerra espiritual. Si digamos que el asma quiere volver y pregunta: "¿Puedo instalarme de vuelta en tu cuerpo?". Tenemos que decirle: "Fuera, en el nombre de Jesús". Es claro y categórico. Tenemos que aprender a batallar. Cuando la enfermedad quiere venir a golpear a las puertas, debemos recordar de dónde vino la enfermedad. Antes de Adán, no existía la enfermedad. Como consecuencia del pecado, se originaron las enfermedades y la muerte, y así se introdujeron en la humanidad, creando caos. Por eso, el hombre naturalmente lucha contra la enfermedad y las dolencias.

Como expusimos con anterioridad, se puede combatir en tres niveles: naturalmente, mentalmente, pero sobre todo, espiritualmente. Sabiendo que las promesas de Dios fueron otorgadas para nuestras vidas, entonces aprendemos a guerrear contra la enfermedad que viene a atacar nuestros cuerpos. Mucha gente al estornudar ya expresa que se está enfermando. Hay personas que padecían de artritis, después de años vuelve el dolor y dicen: "Me volvió la artritis". Al declarar eso, lo que en verdad están diciendo es: "Bienvenida, artritis, entra en mis huesos, dame todos los dolores que quieras".

¿Qué, pues, es lo que debemos hacer? Batallar. ¿Cómo? Con la Palabra de Dios. Isaías 53:4-5 dice: *"Ciertamente llevó él nuestras enfermedades, y sufrió nuestros dolores; nosotros le tuvimos por azotado, por herido de Dios y abatido. Mas él herido fue por nuestras rebeliones, molido por nuestros pecados; el castigo de nuestra paz fue sobre él y por sus llagas fuimos nosotros curados".* Jesús pagó por las enfermedades. Ya está todo pagado.

Las enfermedades y todas las cosas negativas siguen vigentes porque no vivimos en un mundo perfecto. La Biblia nos dice que la naturaleza gime por la manifestación de los hijos de Dios y el universo entero va a pasar por una completa purificación, donde todos los virus y las enfermedades serán erradicados definitivamente. Mientras tanto, debemos pelear por nuestras vidas.

Hace un tiempo atrás, yo me estaba quedando sin voz, pero empecé a gritar más fuerte "Aleluya" y volví a tener mi voz perfectamente y pude cantar. Así funciona el Reino de Dios.

La Iglesia es el vehículo para establecer el Reino de Dios

Cuando una iglesia se asienta en un lugar y en esa zona opera el narcotráfico, los espíritus que maniobran allí son los típicos de la zona. Si la iglesia está ahí y 20 años después, el narcotráfico sigue prevaleciendo, es porque la iglesia no aprendió a hacer guerra espiritual. Nosotros tenemos el testimonio de los pastores de la iglesia hija de Pedro Juan Caballero[3], una región conocida por el narcotráfico. Hoy en día, muchos narcotraficantes se están convirtiendo porque la iglesia aprendió a hacer guerra espiritual.

La Iglesia es el vehículo para que el Reino de Dios se establezca y destrone a las tinieblas. Nosotros somos el medio y no podemos prescindir de la oración y la guerra espiritual para cumplir esa tarea. La Iglesia tiene que aprender a orar. Cierta vez, en la China comunista, la policía roja estaba rodeando a una iglesia para cerrarla y el pastor de aquella congregación dijo a su feligresía que lo que ellos estaban viendo era culpa de ellos y no del comunismo, porque se habían dormido y no oraron. Cuando los trabajadores del campo duermen, viene el enemigo y planta la cizaña (la enfermedad, la dolencia, por ejemplo).

> "Pero mientras dormían los hombres, vino su enemigo y sembró cizaña entre el trigo, y se fue".
> —Mateo 13:25

VELAR Y ORAR

La Biblia dice que todo el tiempo, dos cosas tenemos que hacer: velar y orar.

Velar es estar atentos por donde pueda entrar el enemigo, para que podamos enfrentarlo en el nombre de Jesús. Tenemos la autoridad y el poder de Dios para reprenderlo y echarlo fuera. Al echar a un demonio, no podemos decirle: "Permiso, por favor, señor diablo, salga por esa puerta". ¡El diablo no sale con sugerencias, sino con voz de mando! Jesús reprendía con una gran autoridad. Jesús echó fuera demonios y explícitamente dijo que la obra que Él hacía y aún mayor, la haríamos nosotros, y debemos hacerlo en nuestras vidas, en su nombre. Tenemos que defender nuestra familia, nuestro negocio, nuestra atmósfera, nuestra iglesia, nuestro país.

Hace ya muchos años, se levantaron espíritus para destruir nuestra nación, Paraguay, y esos espíritus están vigentes todavía porque la Iglesia no entendió que solamente con guerra espiritual se les puede remover. El menosprecio que de alguna manera existe hacia nuestra nación por resentimientos, indirectamente está dirigido por espíritus malignos que saben que el propósito de Dios sobre Paraguay es grande y poderoso. Esos espíritus quieren destruir nuestro país, pero eso no va a suceder porque la Iglesia se ha levantado para establecer el Reino de Dios en esta tierra y vamos a ir a tomarla para Cristo, a más de otras naciones y hasta lo último de la tierra.

¿Qué tenemos que hacer entonces? Involucrarnos en la obra de Dios. Dejar de ser feligreses ociosos. A veces tanto clamamos al Señor que nos prospere y cuando Él nos bendice, ya no tenemos tiempo de asistir a la Iglesia, a las reuniones de oración, a los estudios bíblicos o a evangelizar como antes lo hacíamos. Cuidado que la prosperidad no nos consuma y nos aleje de los planes que Dios tiene para nosotros.

Esta vida es pasajera y la bendición se da para establecer su Reino al lugar donde vayamos, en el nombre de Jesús. Nuestra prioridad tiene que ser siempre Dios, Dios, Dios y después Dios. El resto no importa. Recordemos del pasaje de Lucas 16, donde había muerto el hombre rico y posiblemente en su funeral, las personas que asistieron, habrán dicho: "Dio trabajo a tanta gente, fue un buen hombre, ya descansó y está con Dios" y con seguridad, los religiosos y sacerdotes le habrán rendido honores. Pero él decía: "Yo fui un desastre, esto es mentira, estoy en el infierno…". Debemos comprometernos con el Reino de Dios, avanzar y adiestrarnos en la guerra espiritual.

"...Aconteció que murió el mendigo, y fue llevado por los ángeles al seno de Abraham; y murió también el rico, y fue sepultado. Y en el Hades alzó sus ojos, estando en tormentos, y vio de lejos a Abraham, y a Lázaro en su seno. Entonces él, dando voces, dijo: Padre Abraham, ten misericordia de mí, y envía a Lázaro para que moje la punta de su dedo en agua, y refresque mi lengua; porque estoy atormentado en esta llama. Pero Abraham le dijo: Hijo, acuérdate que recibiste tus bienes en tu vida, y Lázaro también males; pero ahora éste es consolado aquí, y tú atormentado...".

—Lucas 16: 22-25

Dios desea levantar intercesores en la iglesia, dispuestos y adiestrados en la guerra espiritual para un gran avivamiento en cada país, como nunca antes hubo. La iglesia del Paraguay está experimentando un incipiente avivamiento que se convertirá en un fuego abrasador que se extenderá desde el centro de Sudamérica hasta el resto del mundo. Se trata de un fuego que nadie va a poder apagar. Esto fue profetizado por irlandeses, estadounidenses, sudafricanos, coreanos y muchos otros. Dios levantó profetas en todo el mundo que, sin haber venido al Paraguay, sin siquiera conocerlo, ni saber dónde quedaba, recibían Palabra de Dios para el Paraguay. Esta es la hora de Paraguay, su hora de bendición, su hora de levantarse a ser luz y sal, aquí y a las naciones.

"Pero temo que como la serpiente con su astucia engañó a Eva, vuestros sentidos sean de alguna manera extraviados de la sincera fidelidad a Cristo".

—2 Corintios 11:3

"Pues Aquel que fue engendrado por Dios le guarda,
y el maligno no le toca…".

—1 Juan 5:18

Estas palabras son claves en la lucha espiritual y las debemos entender en toda su dimensión. El maligno siempre va a intentar hacer todo lo que pueda para sacarnos de nuestra posición de seguridad. Si logra hacerlo, nos encontramos sin protección y es allí donde arremete con sus dardos, convirtiéndonos en personas vulnerables. Hay que tener mucho cuidado con *"el talón de Aquiles"*, porque el lugar frágil es donde el enemigo puede tirarnos su flecha para ocasionarnos muerte.

Recordemos una vez más 2 Corintios 11:3 que dice:

"Pero temo que como la serpiente con su astucia engañó a Eva, vuestros sentidos sean de alguna manera extraviados de la sincera fidelidad a Cristo".

Si el enemigo nos puede remover de nuestra obediencia a la Palabra de Dios, salimos de nuestra cobertura, facilitándole el acceso para lanzarnos sus dardos y perjudicar nuestra vida.

Capítulo 2
ESTRATEGIAS DEL ENEMIGO

"Aquel día salió Jesús de la casa y se sentó junto al mar. Y se le juntó mucha gente; y entrando él en la barca se sentó, y toda la gente estaba en la playa. Y les habló muchas cosas por parábolas, diciendo: He aquí, el sembrador salió a sembrar. Y mientras sembraba, parte de la semilla cayó junto al camino; y vinieron las aves y la comieron. Parte cayó en pedregales, donde no había mucha tierra; y brotó pronto, porque no tenía profundidad de tierra; pero salido el sol se quemó; y porque no tenía raíz, se secó. Y parte cayó entre espinos; y los espinos crecieron, y la ahogaron. Pero cayó en buena tierra, y dio fruto, cuál a ciento, cuál a sesenta, y cuál a treinta por uno. El que tiene oídos para oír, oiga".
—Mateo 13:1-9

La parábola nos enseña principios muy importantes para la guerra espiritual, aunque, generalmente, estos versículos no suelen ser utilizados al abordar esta situación. Sin embargo, como dice Romanos 12:2, no tenemos que conformarnos a este siglo ni adoptar sus modalidades, sino debemos renovar nuestro entendimiento por medio de la Palabra de Dios para comprobar la buena, agradable y perfecta voluntad de Dios. El entendimiento se renueva a través de su Palabra.

La estrategia de robarnos la Palabra

Satanás nos va a atacar para robarnos la Palabra, pues así operó en el pasado y hoy en el siglo XXI no ha cambiado sus estrategias. ¿Por qué querría él robarnos la Palabra? Porque...

1. Es el arma principal que tenemos en su contra

2. La obediencia de los hijos de Dios a la Palabra de Dios es la que les da el poder y la autoridad para derribar al enemigo.

Cuando el enemigo ataca a la Iglesia, lo hace para que la Palabra se desvanezca y se esfume de nuestras vidas. En el versículo 7, los espinos ahogaron la Palabra (la semilla), pues es ella la que tiene el poder para producir los milagros. Jesús mismo empieza a explicarnos la parábola desde el versículo 19 hasta el 23. Veamos que en el 19, alguien oye la Palabra y no la entiende. ¿Cómo debemos entenderla? Cuando se pone atención a lo que se oye y se lee. Cuando leemos la Palabra de Dios, debemos entender que estamos leyendo el Reino de Dios, y todos los beneficios y la autoridad de Dios sobre nuestras vidas. Es preciso poner todo el énfasis posible en entender la Palabra de Dios.

Es por eso que cuando predico, siempre digo: "Dile a la persona que está a tu lado, tal cosa…", para que se despierte porque algunas veces observo desde el púlpito a la gente durmiendo. ¡La Palabra de Dios trasciende más allá de la muerte y puede producir la vida! Por ese motivo, hago todo lo posible para que la escuchen.

Cuando una persona no entiende la Palabra, viene el diablo y la roba porque sabe que ella es la que puede producir el milagro para estar en la posición correcta donde él no nos puede tocar. La Palabra debe ser oída con fe y si no la entendemos, ¡debemos pedir a Dios que Él mismo nos dé la revelación de su Palabra! ¡Y debemos leerla no una vez, sino dos, tres, cuatro veces…y meditar en la Palabra! Por eso, Dios nos dice en Josué 1:8:

> "Nunca se apartará de tu boca este libro de la ley, sino que de día y de noche meditarás en él, para que guardes y hagas conforme a todo lo que en él está escrito; porque entonces harás prosperar tu camino, y todo te saldrá bien".

Aprender a meditar en la Palabra debe ser una constante en nuestras vidas. El enemigo intentará desenfocarnos para que no lo hagamos, para que no pensemos en las promesas de Dios y poder robar nuestras bendiciones.

¿Cómo roba el maligno la promesa? Utilicemos un ejemplo sencillo. Si tu padre te prometió que iba a darte cien mil guaraníes o una cantidad en dólares a fin de mes, tú estarás pensando todos los días en esa promesa, convencido de ella. Pero el enemigo te infundirá dudas y vendrá a decirte: "Seguramente tu papá va a gastar ese dinero en otra cosa", "Para tu papá tú no eres importante", "Tu papá ni se va a acordar de su promesa a fin de mes". Sin embargo, para que se active el milagro, para que se cumpla la promesa de tu padre, la condición es que te mantengas en la posición de lo que estás creyendo y esperando.

Hebreos 6:12 nos dice: ...*a fin de que no os hagáis perezosos, sino imitadores de aquellos que por la fe y la paciencia heredan las promesas.* Si el diablo consigue robarnos la promesa, también nos despojará de la fe, pues ella viene por el oír la Palabra de Dios. Así, nos convertimos en incrédulos y de acuerdo a Santiago 1:6-7, no vamos a recibir cosa alguna. Esto es inconstancia en el mundo espiritual.

> "Pero pida con fe, no dudando nada; porque el que duda es semejante a la onda del mar, que es arrastrada por el viento y echada de una parte a otra. No piense, pues, quien tal haga, que recibirá cosa alguna del Señor".

Así como en la parábola del sembrador vinieron las aves y comieron las semillas, el maligno busca robar la Palabra de Dios, pretenderá asidua y tenazmente hacerlo con nosotros, pues ella es la que da vida a nuestras vidas.

Eso lo hizo con Job, a través del temor, atacándole en sus sentidos y desenfocándolo de todo lo que Dios ya le había concedido.

TRES NIVELES DE ATAQUE A LA PALABRA DE DIOS

En Génesis, capítulo 3, podemos encontrar revelaciones aún más profundas al respecto. Los sentidos de Eva fueron atacados y los nuestros también pueden serlo. La conversación de la serpiente con Eva trae a la luz tres niveles en los cuales el enemigo atacó la Palabra de Dios.

1. Duda de la Palabra de Dios.

"…¿Conque Dios ha dicho?…".
—GÉNESIS 3:1

Se levanta la voz del enemigo con frases como estas: "¿Dijo tu Padre que te daría cien mil guaraníes?", "¿Dios te dijo que va a reprender al devorador, que va a abrir las ventanas de los cielos y que te va a dar bendición hasta que sobreabunde?", "¿Está sobrando y abundando la prosperidad o la bendición en tu vida?". Con estas preguntas, empieza a generar la duda.

Eva tenía todo y no le faltaba nada. Como se dice, ¡su vida era el sueño del pibe! Además, Dios se comunicaba con Adán y Eva, bajaba a comer y estar con ellos todos los días y ellos veían a Dios cara a cara. Adán, después de 700 años, habría contado a toda su descendencia su maravillosa experiencia con Dios y que ahora estaba lejos de su presencia, por no haber obedecido a su Palabra y haber transgredido su ley. Después de las generaciones de Adán, vino Abraham y él tenía conocimiento sobre lo que su antepasado había vivido y experimentado en su comunión diaria con Dios. Y si ellos cayeron, también a nosotros nos puede ocurrir.

2. Distorsión y agregados a la Palabra de Dios

"Y mandó Jehová Dios al hombre, diciendo: De todo árbol del huerto podrás comer; más del árbol de la ciencia del bien y del mal no comerás; porque el día que de él comieres, ciertamente morirás".
—Génesis 2:1

"Pero la serpiente era astuta, más que todos los animales del campo que Jehová Dios había hecho; la cual dijo a la mujer: ¿Conque Dios os ha dicho: No comáis de todo árbol del huerto?".
—Génesis 3:1

El diablo distorsionó la Palabra. Comparemos estos dos versículos mencionados y observemos qué dijo Dios y qué dijo el diablo. El ataque viene directamente a una verdad y la tergiversa. El diablo le dijo una mentira a Eva para que entrara en sus pensamientos. Dios no le había dicho a Eva que no comiera de todo árbol del huerto. El enemigo buscará poner duda en nuestras vidas y eso genera la imposibilidad de que Dios nos bendiga porque si dudamos incesantemente, nos convertimos en personas inconstantes.

Recordemos lo que aconteció con Jairo (Marcos 5:23-43), cuando vino y se arrodilló ante Jesús, pidiéndole un milagro, siendo él un principal de los judíos.

"Y le rogaba mucho, diciendo: Mi hija está agonizando; ven y pon las manos sobre ella para que sea salva, y vivirá. Fue, pues, con él; y le seguía una gran multitud, y le apretaban...Mientras él aún hablaba, vinieron de casa del principal de la sinagoga, diciendo: Tu hija ha muerto; ¿para qué molestas más al Maestro? Pero Jesús, luego que oyó lo que se decía, dijo al principal de la sinagoga: No temas, cree solamente...Y entrando, les dijo: ¿Por qué alborotáis y lloráis? La niña no está muerta, sino duerme...Y tomando la mano de la niña, le dijo: Talita cumi; que traducido es: Niña, a ti te digo, levántate. Y luego la niña se levantó y andaba...".

Jesús se detuvo en el camino y tomó un testimonio. Jairo estaba ansioso y con prisa, mas Jesús nunca está apurado. Jesús nunca llega tarde. Cuando Jairo estaba a punto de desfallecer, vino alguien y le dijo: *"Tu hija ha muerto; ¿para qué molestas más al Maestro?"*.

Esa voz venía en contra de las promesas de Dios porque Jesús ya había prometido que iría con él y la sanaría. En ese momento, lo único que Jairo tenía ya era la promesa de Jesús, por lo tanto, no importaban las circunstancias ni las situaciones que podrían sobrevenir, ya que Jesús iba a cumplir lo que había expresado.

Esa Palabra es la que le ancló a esa niña, pero dependía de la fe de su padre. No obstante, esa voz emitida por alguna persona de su confianza, que dejase de molestar a Jesús, venía del mismo Satanás.

Cuando le avisaron a Jairo que su hija había muerto, estaba a punto de soltar la promesa de Jesús. Si abandonaba, si dejaba atrás la esperanza, ¿qué iba a tener? Nada. ¿Qué iba a tener Jesús para realizar un milagro? Nada. ¿Qué necesitaba Jesús para hacerlo? La fe del tamaño de una semilla de mostaza. Con eso, Él puede hacer todo lo que es imposible para el hombre, porque es posible para Dios. Jesús, ahora, se dio la vuelta, le miró y pronunció lo siguiente: *"No temas, cree solamente"*. ¡Aleluya! El diablo estaba allí diciéndole a Jairo: "Olvídate de tu milagro. Nunca más vas a recuperar a tu hija, Jairo", "A Jesús no le importó la promesa que te hizo. Mira cómo se atrasó, estaba ahí atrás tomando testimonio". Jesús nunca llega tarde ni tiene prisa.

¿Cuántos quieren ya su milagro hoy día? "¡Rápido, Jesús!". Esa suele ser nuestra actitud. Generalmente escucho a las hermanas con esposos inconversos con la siguiente petición: "Cambia a mi marido, Señor cambia a mi marido". Primero, cambiará a la mujer, porque quizá, si cambia primero al marido y él está bien, entonces ella se acomoda y deja de congregarse. Dios sabe cómo hacer las cosas para que nadie se pierda. ¡Para el que tenga oídos, que oiga!

A Pedro, su discípulo, Jesús le dijo en una ocasión:

> "…¡Quítate de delante de mí, Satanás! porque no pones la mira en las cosas de Dios, sino en las de los hombres".
>
> —Marcos 8:33

Es así como debemos actuar cuando vienen mensajes negativos en contra de la Palabra de Dios. Satanás puede hablar, muchas veces a través de nuestra boca, haciéndonos pensar y decir cosas en contra de lo que Jesús declara en su Palabra. ¿Qué es lo que el diablo quería hacer con Eva? Provocar dudas hacia la Palabra y tergiversarla, transformarla. Es importante entender lo que el enemigo hace en contra nuestra. Para vivir una vida de éxito, esto es mega, súper, vital.

Lo reiteramos una vez más. Satanás ataca la Palabra. Lo hace porque la Palabra de Dios implantada en nosotros es la que puede convertir nuestra alma. Santiago 1:21 lo dice.

> "Por lo cual, desechando toda inmundicia y abundancia de malicia, recibid con mansedumbre la palabra implantada, la cual puede salvar vuestras almas".

Un implante es algo que se convierte en parte nuestra. El pensamiento radica en el alma y al implantarse la Palabra, empezamos a pensar como Dios piensa. Es justamente allí donde el diablo atacará para producir una clase de confesión diferente a lo que Dios prometió, porque la vida y la muerte están en poder de la lengua. De acuerdo a nuestras palabras, será Dios o el diablo quien las usará a favor o en contra nuestra.

En contra las usa cuando hablamos de manera negativa como por ejemplo: "No me voy a sanar, mi marido nunca va a cambiar, este país siempre va a seguir igual". ¡Paraguay no va a seguir igual, sino que va a ser el país más bendecido de Latinoamérica! ¿A quién vamos a creer? ¿A Dios o a los medios de comunicación? Yo le creo a Dios porque estoy viendo vidas transformadas en todo el país, familias enteras revolucionadas por el poder del Espíritu Santo.

Con respecto a los agregados o variaciones a la Palabra de Dios, en Apocalipsis 22:18-19 encontramos algo sumamente importante.

> "Yo testifico a todo aquel que oye las palabras de la profecía de este libro: Si alguno añadiere a estas cosas, Dios traerá sobre él las plagas que están escritas en este libro. Y si alguno quitare de las palabras del libro de esta profecía, Dios quitará su parte del libro de la vida, y de la santa ciudad y de las cosas que están escritas en este libro".

La Palabra de Dios es completa. En el mundo, hay autoridades espirituales o religiosas que dicen: "Ahora, por este nuevo concilio, por este nuevo dogma, agregamos a la Palabra de Dios esto". ¡No! ¡A la Palabra de Dios no se le puede añadir nada! Al que le agrega, le vendrán las plagas. Y si nosotros creemos en plagas, ¡plaga es lo que nos sobrevendrá! La estrategia de Satanás es la misma. Al arremeter contra Eva, inmediatamente agregó algo a la Palabra que Dios había dicho.

3. Contradicción a la Palabra

"Entonces la serpiente dijo a la mujer: No moriréis".
—Génesis 3:4

Cuando el enemigo contradice la Palabra, se enfrentan la verdad y la mentira y nosotros estamos en el medio. Por eso, cuando la Biblia nos dice algo, Satanás intentará atacarnos con una mentira para que esa verdad se relativice y dudemos de la Palabra que salió de la boca de Dios. Al producir eso, nos provoca a que salgamos de nuestra posición de bendición para poder atacarnos y destruirnos finalmente.

En la guerra espiritual, tenemos que mantenernos en nuestra posición de autoridad, en el medio del propósito de Dios, que es Su Palabra. Esto se produce cuando caminamos en obediencia. Dios lo dice; ¡esto es lo que el Señor tiene para mi vida y yo lo creo!, aunque la mayoría no crea. Esa debe ser nuestra declaración. La mayoría no cree en la Palabra de Dios. Profesa creer, pero en realidad no es así, porque si creyera, practicaría todo lo que está escrito en la Palabra de Dios.

La gente de afuera, que es la mayoría, no puede regir nuestras vidas. La que debe regirla es la Palabra. Si la mayoría creyese, estaría viviendo la Palabra y este planeta directamente ya sería el cielo en la Tierra. Cuando viene la contradicción a la Palabra, inmediatamente emerge la transgresión. Al respecto, existen tres posiciones para transgredir la Palabra de Dios:

1. La lujuria de la carne: Eva (su carne) quería ser como Dios.

2. La lujuria de los ojos: Inmediatamente sus ojos vieron la fruta y le fue agradable.

3. El orgullo: La Biblia dice en Proverbios 16:18 que antes de la caída, está la altivez de espíritu y, en ese momento, Eva pensó que iba a tener también una posición como Dios.

"Antes del quebrantamiento es la soberbia, Y antes de la caída la altivez de espíritu".

—Proverbios 16:18

Eso es lo que enseña la Nueva Era, que somos dioses. Sin embargo, la Biblia nos expresa claramente que nunca llegaremos a ser Dios, pero sí somos hijos de Dios, por medio de Cristo. Nadie puede adorarnos. Solamente Él es digno de toda adoración.

En la India existen aproximadamente unos 350 millones de dioses que son adorados. Se adora también a los ratones, a los monos, a los insectos. Las vacas son consideradas sagradas y aquí nosotros las comemos, pues claro, para eso están las vacas. En el Antiguo Testamento se realizaban los sacrificios y luego, ahí mismo comían un poderoso asado. ¡Se comían las vacas! ¡Nosotros nos comemos a los dioses de los hindúes! Usted se reirá, pero es la verdad…Si la gente de la India viene aquí, se asustará y dirá: ¡Se comen a nuestros dioses!

El efecto del pecado en la vida de Eva y al que el diablo la impulsó, fue la separación de Dios. Si el enemigo nos separa de Dios, estamos a la intemperie, sin amparo y somos un blanco perfecto para la destrucción.

Las mentiras del "código da Vinci"

Pasemos ahora a un tema candente, actual y que se ha extendido en varios libros del mismo autor. Veamos cómo la novela y luego la película de "El código da Vinci" vino a relativizar la Palabra y es el engaño más grande que millones de personas creen porque desconocen las escrituras. A continuación, desplegamos una lista de puntos aseverados en la obra de Dan Brown en contra de Jesús y de la Biblia, y al mismo tiempo derribamos sus argumentos con la verdad.

Según "El código da Vinci"[1]:
1. El emperador romano Constantino inventó la Biblia en el siglo IV, con un canon que no contenía los libros que humanizaban a Jesús y que sí incluyó los que hacían de Jesús una especie de dios.

Respuesta:
Constantino no tuvo nada que ver con la creación de la Biblia. Ni siquiera lo mencionan en el *Cambridge History of the Bible*. Por otra parte, los cuatro evangelios de la Biblia fueron reconocidos por todos los cristianos unos 150 años antes de Constantino. Por lo tanto, la primera gran mentira del código da Vinci es que Constantino tuviera algo que ver con la creación de la Biblia.

Según "El código da Vinci":
2. Los pergaminos del mar Muerto y los evangelios gnósticos son los registros cristianos.

Respuesta:
Estos pergaminos fueron descubiertos en 1947 y no tienen relación con la cristiandad, sino con varios grupos judíos de la época de Cristo e incluso anterior. Los evangelios gnósticos ofrecen una versión torcida y herética de la fe cristiana y salieron a la luz recién un siglo o más después de la aparición de los evangelios tradicionales. Los registros cristianos más recientes a Cristo son los del

Nuevo Testamento. Estos evangelios gnósticos son pura invención de la mente humana y nada tienen que ver con la vida y obra del Señor.

Según "El código da Vinci":

3. Los evangelios gnósticos presentan un panorama positivo sobre las mujeres. Estos textos brindan la imagen humana y sexual de Jesús, quien acogió a la fémina sagrada María Magdalena.

Respuesta:

El Jesús presentado en los evangelios gnósticos es extraño y la ideología esencial suele ser antifemenina. El Evangelio de Tomás, en un fragmento citado en "El código da Vinci", dice: "Simón Pedro le dijo: Haz que María nos abandone porque las féminas no merecen vivir. Jesús le respondió: Mira, la guiaré para que sea hombre y así ella también se convierta en un espíritu semejante a ustedes, que son hombres, pues cada mujer que se vuelve hombre podrá entrar en el reino de los cielos". La fémina, según me explicó una persona que se convirtió y salió del gnosticismo, implica trascender a través del acto sexual entre un hombre y una mujer, para convertir a la mujer en hombre. Se trata de una doctrina totalmente desequilibrada predicada por el gnosticismo. Estas son las locuras presentadas en el libro de Dan Brown.

Según "El código da Vinci":

4. Los cristianos primitivos no creyeron que Jesús era el Hijo de Dios.

Respuesta:

Esta es una afirmación totalmente errada, pues surge de la ignorancia mal intencionada o de la ceguera espiritual para cuestionar semejante alegato. Al contrario, nunca ha sido tema de duda entre los cristianos primitivos, quienes declaraban a Jesús como el Hijo de Dios, tal como lo señalan las siguientes porciones de las Escrituras, por citar algunas: Mateo 16:16, Gálatas 4:4. De esta manera, se demuestra cómo El código da Vinci arremete contra la identidad de Cristo, buscando relativizar la Palabra de Dios.

> "Respondiendo Simón Pedro, dijo: Tú eres el Cristo, el Hijo del Dios viviente".
>
> —MATEO 16:16

> "Pero cuando vino el cumplimiento del tiempo, Dios envió a su Hijo, nacido de mujer y nacido bajo la ley…".
>
> —GÁLATAS 4:4

Según "El código da Vinci":

5. El Concilio de Nicea, 325 d.C., inventó la divinidad de Jesús.

Respuesta:

Contrario a lo sostenido por Dan Brown, este famoso Concilio se reunió para aclarar y consolidar la postura oficial de la Iglesia con respecto a la divinidad de Cristo, no para crearla. Existen miles de referencias acerca de la divinidad de Cristo en la literatura cristiana y en la arqueología, anterior al Concilio de Nicea. Eso incluye las innumerables afirmaciones en el Nuevo Testamento y los testimonios de los líderes de la iglesia primitiva, durante el segundo y tercer siglo, acerca de la divinidad de Jesús. Satanás ataca aquí la divinidad de Cristo y si no era divino, no era el Hijo de Dios, pues Dios, en su género, es divino.

Según "El código da Vinci":
6. Jesús realmente era un pagano o un brujo.

Respuesta:
Ninguna referencia estándar de obras de brujería jamás incluyó a Jesús como brujo o pagano. La novela intenta expresar que Jesús era una copia de una divinidad pagana de la antigüedad. Esa imagen viene del hecho de ignorar por completo el contexto de la vida y las enseñanzas de Jesús. Si Él hubiese sido un brujo o pagano, los líderes judíos en su contra habrían notado su inclinación y lo habrían condenado inmediatamente a morir como un brujo porque hubiera ido en contra de las prácticas religiosas judías. Jesús, sin embargo, cumplió toda la Ley. Jesús no fue ni brujo ni pagano... ¡y los brujos y paganos no tienen el poder que Jesús tiene!

Según "El código da Vinci":
7. Jesús estaba casado con María Magdalena.

Respuesta:
La novela afirma que existe un sin número de referencias en la historia antigua sobre la unión de Jesús y María Magdalena, y que los historiadores han explorado el tema de forma exhaustiva. Por lo tanto, referencias sobre esta unión matrimonial no existe en el Nuevo

Testamento, ni en ningún otro material del siglo I de la era cristiana. No se han encontrado evidencias o menciones explícitas a "este matrimonio", ni aún el texto gnóstico de los siglos II o III. La única alusión al respecto en el citado material es la referencia de María como la acompañante de Jesús. Sin embargo, esa palabra en el griego no significa esposa, ni siquiera mujer. A través del Código da Vinci, Satanás ataca la Palabra de Dios, para que las miles de personas que leen el libro o ven su película terminen creyendo algo totalmente contrario a la verdad de la Palabra de Dios.

Según "El código da Vinci":
8. Jesús y María procrearon una hija llamada Sara.

Respuesta:
La novela afirma que María se hallaba embarazada al momento de la muerte de Jesús. José de Arimatea, su tío, la ayudó a mudarse a Francia. Allí dio a luz a la niña, con el nombre de Sara María, y ambas hallaron refugio en la comunidad judía de la zona. Algunos supuestos investigadores revelan la existencia de crónicas acerca del tiempo en que María Magdalena vivió en Francia. Sin embargo, tales comentarios carecen de evidencia documental y por ende, no se trata más que de una leyenda, hecha popular en 1982 con la candente obra *Holy Blood, Holy Grail*. No existen documentos antiguos que avalen o evidencien estas afirmaciones y ningún estudioso de esa época atestiguó sobre dichos eventos. Dan Brown no puede producir ningún simple documento histórico de la antigüedad que pruebe tales afirmaciones.

Según "El código da Vinci":

9. La tradición de los primitivos cristianos y judíos implicaba rituales sexuales en la adoración.

Respuesta:

En toda la Biblia y en la historia judía, no existe siquiera un indicio de que ritos sexuales estuvieran incluidos en la adoración en el Templo. Los hombres judíos no se comprometían sexualmente con las sacerdotisas en el Templo. La palabra "sacerdotisa" ni siquiera se usa en el Antiguo Testamento. En la novela de Dan Brown, Jesús y María Magdalena se presentan como los participantes ideales del rito sexual del cristianismo primitivo. Esa absurda afirmación no tiene bases en la historia ni en la tradición cristiana primitiva, ni en la referencia de los documentos gnósticos.

Nos encontramos frente a puras fantasías apócrifas, producto de la imaginación del autor del citado libro. Con todas estas referencias estoy tratando de mostrar cómo Satanás ataca la Palabra de Dios, e intentará hacerlo en la mente de todo individuo que no está alineado a la Palabra. Si lo consigue, lo convierte en persona de doble ánimo y le hace perder su autoridad como creyente.

La estrategia de la división

Veamos el conflicto que Jesús tuvo en Mateo capítulo 12. En esta circunstancia, es acusado de echar fuera demonios por Beelzebú, príncipe de los demonios, quien era representado por las moscas.

"Sabiendo Jesús los pensamientos de ellos, les dijo: Todo reino dividido contra sí mismo, es asolado, y toda ciudad o casa dividida contra sí misma, no permanecerá. Y si Satanás echa fuera a Satanás, contra sí mismo está dividido; ¿cómo, pues, permanecerá su reino? Pero si yo por el Espíritu de Dios echo fuera los demonios, ciertamente ha llegado a vosotros el reino de Dios. Porque ¿cómo puede alguno entrar en la casa del hombre fuerte, y saquear sus bienes, si primero no le ata? Y entonces podrá saquear su casa".

—MATEO 12:25-26

¿Cómo atacará el diablo? A través de la división; separando al marido de la mujer. Por ejemplo, cuando los hijos no consiguen el permiso de uno de los padres, recurre al otro para conseguirlo. El hijo, sin darse cuenta, dividió a los padres. "Divide y reinarás" es el principio del diablo. La Biblia dice en Amós 3:3: *"¿Andarán dos juntos, si no estuvieren de acuerdo?"*. Los esposos tienen que estar de acuerdo en cuanto a la manera de educar a los hijos, los permisos que deban otorgarles y los límites; de lo contrario, los hijos serán usados por espíritus malignos para dividir el matrimonio y si esto ocurre, la casa será asolada y no va a permanecer. Una gran cantidad de parejas se han separado por causa de los hijos, y no entendieron que la causa principal se debía a la presencia de espíritus inmundos que venían a quebrantar la estructura que sostiene a la sociedad: la familia. Situaciones como estas generan tremendas crisis en nuestra sociedad, y así nos encontramos con personas disfuncionales que provienen de familias disfuncionales, con serios problemas internos, que deben ser sanados por Dios.

En el versículo 26, se nos advierte que Satanás es muy astuto en cuanto a la organización de su reino. Él nunca se divide. Trabaja con su equipo de manera bien organizada. Así están los principados, las potestades, los gobernadores y las huestes de maldad. Él trabaja de manera ordenada. Nosotros también tenemos que hacerlo todo en orden. En mi familia tratamos de trabajar organizados. Mi esposa no hace nada sin consultarme y yo tampoco, sin antes hablar con ella. Nuestros hijos saben que no van a entrar por cualquier lado para conseguir lo que quieren porque nosotros estamos de acuerdo.

Jesús dijo que echaba fuera los demonios por el Espíritu de Dios, lo cual quiere decir que Él necesitaba al Espíritu de Dios y nosotros también. Lo que vino sobre nosotros cuando nos convertimos fue el Espíritu de Dios y con Él, la investidura, la *exousia* o *exusía* (del griego y significa autoridad delegada). Cuando recibimos el bautismo en el Espíritu Santo, vino el *dúnamis* (del griego y significa poder o capacidad) para hacer los milagros, prodigios y señales, y ser testigos de Cristo.

El pasaje nos dice que para entrar en la casa del hombre fuerte y saquear sus bienes, primero hay que atarlo. Eso lo hace el diablo. Viene a la casa y, por principio de autoridad, el hombre fuerte es el esposo, el padre. Si él no ocupa su posición de autoridad, está atado porque el demonio ya entró en el hogar. Entonces, la mujer tiene que hacer grandes esfuerzos para mantener la unidad y ella sola no va a poder conseguir ese propósito.

Los hombres tienen que ocupar su posición de autoridad para dar una cobertura a la mujer y a la familia, por causa de los ángeles caídos, para que no entren y realicen un desastre en el hogar.

Lo mismo sucede en una nación. Un país que tiene un mandatario que no gobierna, esa posición de autoridad le deja en descubierto a todo el pueblo. Por eso es importante que quien se siente en silla de autoridad entienda que deberá estar sometido a Dios, porque posee una investidura dada por Dios y lo que él declara tiene mucho poder. Los gobernantes deben entender que sus palabras decretan el bien o el mal sobre su nación.

Nosotros, como padres, tenemos que hablar bien de nuestra familia. Los pastores tenemos que hablar bien de nuestra feligresía. Los mandatarios tienen que hablar bien de su nación.

LA DIVISIÓN EMPIEZA
DENTRO DE CADA UNO

La división no empieza en la casa. Empieza con cada uno. El diablo tratará de dividir a uno mismo en su mente. Si mi mente no está de acuerdo a mi espíritu y mi cuerpo no se alinea a mi mente, como mi mente a mi espíritu, yo estoy dividido. Si las tres partes de mi ser están divididas, entonces estoy propenso a recibir la enfermedad, la dolencia, la depresión, la angustia, porque yo mismo estoy dividido internamente.

Eso ocurre cuando nuestra mente no se alinea al hombre espiritual y empieza a hacer la voluntad del mundo y no la voluntad de Dios. Nuestro espíritu quiere hacer las cosas conformes a la Palabra, pero si la mente le sirve al ojo, al mundo y a lo que dice la gente, entonces el cuerpo paga las consecuencias y somatiza todo. En consecuencia, se produce un tremendo conflicto espiritual y, como hijos de Dios, nos deprimimos y fracasamos en todos nuestros proyectos.

Debemos alinear la mente al espíritu, y el espíritu a la Palabra de Dios. Entonces nuestro cuerpo se alineará a todo eso y el enemigo no va a tener brecha para entrar a nuestra vida. Espíritu, alma y cuerpo deben estar alineados a la Palabra de Dios. El espíritu gobierna, la mente decide y el cuerpo recibe la orden que dan el espíritu y la mente, en concordancia a la Palabra de Dios.

Capítulo 3
AUTORIDAD DELEGADA POR CRISTO

"...sobre todo principado y autoridad y poder y señorío, y sobre todo nombre que se nombra, no sólo en este siglo sino en el venidero; y sometió todas las cosas bajo sus pies y lo dio por cabeza sobre todas las cosas a la iglesia...".
—**Efesios 1:21-22**

En el mundo espiritual, como en el natural, existen leyes y niveles de autoridad que deben ser respetados por todos los seres humanos para convivir de forma armónica y pacífica en la sociedad. Cuando estos rangos se infringen o violan, las consecuencias pueden ser fatales.

Como hijos de Dios, debemos conocer nuestra posición de autoridad espiritual, para que nuestras oraciones sean realmente efectivas. Cuando la Palabra de Dios nos dice *"...y sometió todas las cosas bajo sus pies y lo dio por cabeza sobre todas las cosas a la iglesia..."* ¿qué debemos entender? Nosotros, siendo sus hijos, somos parte de su Iglesia y por consiguiente, hemos recibido la autoridad delegada por Dios a través de su Palabra.

Un ejemplo de la autoridad delegada por Dios, la encontramos en la breve historia que ilustra el libro de los Hechos en el capítulo 19:13-16.

> "Pero algunos de los judíos, exorcistas ambulantes, intentaron invocar el nombre del Señor Jesús sobre los que tenían espíritus malos, diciendo: Os conjuro por Jesús, el que predica Pablo. Había siete hijos de un tal Esceva, judío, jefe de los sacerdotes, que hacían esto. Pero respondiendo el espíritu malo, dijo: A Jesús conozco, y sé quién es Pablo; pero vosotros, ¿quiénes sois? Y el hombre en quien estaba el espíritu malo, saltando sobre ellos y dominándolos, pudo más que ellos, de tal manera que huyeron de aquella casa desnudos y heridos".

Lo interesante de esta historia es que eran judíos, exorcistas ambulantes y no tenían la autoridad delegada por Dios para hacer liberación, que es muy diferente al exorcismo, puesto que para realizar este conjuro, se opera bajo otro ente espiritual mayor que no viene precisamente de Dios. Estas personas practicaban el ocultismo y echaban fuera un espíritu por otro más fuerte y de mayor autoridad. En cambio, los hijos de Dios realizamos la liberación de espíritus inmundos en el nombre de Jesús y estos huyen porque reconocen la autoridad de quien los contiende por medio de la Palabra de Dios.

> "A Jesús conozco, y sé quién es Pablo; pero vosotros, ¿quiénes sois?".
> —HECHOS 19:15

El espíritu malo, saltando sobre los exorcistas y dominándolos, pudo más que ellos, de manera que huyeron de aquella casa, desnudos y heridos. Este es el peligro de operar sin la autoridad delegada, sin tener la cobertura pastoral y sin permanecer bajo la Palabra de Dios.

LA IMPORTANCIA DE ESTAR SOMETIDO BAJO AUTORIDAD

> "Someteos, pues, a Dios; resistid al diablo, y él huirá de vosotros".
> —SANTIAGO 4:7

Gran parte de los cristianos se interesa y utiliza más la Palabra *"resistir al diablo"*, para que él huya de inmediato. Sin embargo, la clave de este versículo está en el primer segmento: el sometimiento a la autoridad de Dios. ¿Cuál es el significado de sometimiento? Como hijos de

Dios, debemos obedecer su Palabra, sin cuestionamientos ni complicaciones.

Cuando Santiago aconsejaba y animaba a los cristianos de ese tiempo a someterse a la autoridad de Dios era porque entre ellos había contiendas, codicia, egoísmo, adulterio, celos, murmuraciones, juicios y pecados con los cuales perdían toda clase de autoridad proveniente de Dios. Al respecto, leamos lo que nos dice el apóstol en el capítulo 4:1-12:

"¿De dónde vienen las guerras y los pleitos entre vosotros? ¿No es de vuestras pasiones, las cuales combaten en vuestros miembros? Codiciáis y no tenéis; matáis y ardéis de envidia y nada podéis alcanzar; combatís y lucháis, pero no tenéis lo que deseáis, porque no pedís. Pedís, pero no recibís, porque pedís mal, para gastar en vuestros deleites. ¡Adúlteros! ¿No sabéis que la amistad del mundo es enemistad contra Dios? Cualquiera, pues, que quiera ser amigo del mundo se constituye en enemigo de Dios. ¿O pensáis que la Escritura dice en vano: "El Espíritu que él ha hecho habitar en nosotros nos anhela celosamente"? Pero él da mayor gracia. Por esto dice: "Dios resiste a los soberbios y da gracia a los humildes. Hermanos, no murmuréis los unos de los otros. El que murmura del hermano y juzga a su hermano, murmura de la Ley y juzga a la Ley; pero si tú juzgas a la Ley, no eres hacedor de la Ley, sino juez. Uno solo es el dador de la Ley, que puede salvar y condenar; pero tú, ¿quién eres para que juzgues a otro?".

Un total sometimiento a la autoridad de Dios y de su Palabra es la clave para tener y utilizar con poder la autoridad que Cristo nos delegó como hijos de Dios. Primero tenemos que someternos nosotros a Dios, para tener el poder de someter al enemigo. El Señor nos anhela celosamente (v. 5) y la mayor gracia requiere dejar la soberbia, el orgullo y humillarnos delante de Él (v. 6); luego someternos bajo su autoridad, la cual nos habilita y nos autoriza a resistir al diablo para que él huya de nosotros. Esta lucha espiritual es por nuestra vida, y no solo por nosotros, sino también por la de nuestra familia. Cuando Jesús se enfrentaba a las tinieblas, los enfermos sanaban y los poseídos se liberaban, pues actuaba con la autoridad delegada por su Padre. El mismo Jesús, en una oportunidad, se había admirado del principio de autoridad asumido por un romano.

"Entrando Jesús en Capernaum, vino a él un centurión, rogándole, y diciendo: Señor, mi criado está postrado en casa, paralítico, gravemente atormentado. Y Jesús le dijo: Yo iré y le sanaré. Respondió el centurión y dijo: Señor, no soy digno de que entres bajo mi techo; solamente di la palabra, y mi criado sanará. Porque también yo soy hombre bajo autoridad, y tengo bajo mis órdenes soldados; y digo a éste: Ve, y va; y al otro: Ven, y viene; y a mi siervo: Haz esto, y lo hace. Al oírlo Jesús, se maravilló, y dijo a los que le seguían: De cierto os digo, que ni aun en Israel he hallado tanta fe".

—Mateo 8:5-10

Jesús fue obediente al Padre hasta la muerte, como un cordero. El cordero no dice nada, no emite sonido cuando va al matadero. Por eso, el Padre le dio toda la autoridad, y esa autoridad fue transferida a la Iglesia.

> "Sobre todo principado y autoridad y poder y señorío, y sobre todo nombre que se nombra, no sólo en este siglo, sino también en el venidero; y sometió todas las cosas bajo sus pies, y lo dio por cabeza sobre todas las cosas a la iglesia, la cual es su cuerpo, la plenitud de Aquel que todo lo llena en todo".
>
> —Efesios 1:21-23

> "He aquí os doy potestad de hollar serpientes y escorpiones, y sobre toda fuerza del enemigo y nada os dañará".
>
> —Lucas 10:19

Jesús, obediente y respetuoso de la autoridad del Padre, tenía poder para repeler las fuerzas de las tinieblas cuando se enfrentaba a ellas en la vida de las personas que tenían problemas espirituales como posesión o influencia demoníaca.

¿Qué significa el sometimiento?

Al estar sometido enteramente a la autoridad de Dios, tenemos el mismo respaldo que tuvo Jesús y podemos hacer las mismas obras *"y aún mayores"* de las que hizo Él (Juan 14:12). Pero si existen ciertas áreas de nuestras vidas que no están sometidas, es decir, que no están en obediencia a la Palabra de Dios, estas se convierten en puertas abiertas para que el enemigo tenga acceso y entre a robarnos y a hacer estragos en nuestras vidas. El ladrón siempre busca puertas abiertas para entrar.

¿Por qué la mayoría de las personas cierran las puertas de sus casas y toman medidas de seguridad en la noche? Para poder estar seguras mientras duermen. Lo mismo tenemos que hacer nosotros: cerrar todas las puertas de nuestras mentes al enemigo, someternos a Dios y permanecer bajo su autoridad. De esta manera, tenemos todo el respaldo del Señor.

En Salmos 34:7 leemos: *El ángel de Jehová acampa alrededor de los que le temen y los defiende.* Los que temen a Jehová son los que guardan sus mandamientos. Alrededor nuestro está el ángel de Jehová. Su Palabra nos enseña la clase de protección que podemos tener como hijos de Dios.

Recuerdo escuchar la historia del pastor David Wilkerson cuando fue a Nueva York a evangelizar a las bandas de delincuentes más peligrosas de la ciudad. Varias veces intentaron acabar con su vida, pero sin resultado, porque en medio de la noche, a su lado caminaban dos siluetas gigantes acompañándolo en todo momento. El predicador no los podía ver, pero los pandilleros sí y asustados, entre ellos Nicky Cruz, querían saber quiénes eran esos imponentes personajes que custodiaban a Wilkerson.

¿Quiénes son los que temen a Jehová? Los que se someten a la autoridad de su Palabra porque le tienen un profundo respeto, le aman y le obedecen. Es importante que entendamos que estamos trabajando como Cuerpo, sometidos a una sola autoridad: la de Dios.

Revelación del principio de autoridad

Este principio se revela en la vida de una persona cuando esta conoce perfectamente la autoridad y el gobierno de la otra persona a la cual deba someterse. Un ejemplo de esto ocurre cuando en la iglesia, el Pastor dice que debemos enseñar el libro de Hageo. Si estamos de acuerdo, nos sometemos y estamos bajo autoridad. Si decimos que no porque no nos gusta, porque es complicado o porque sencillamente no queremos aceptar esta enseñanza, nos estamos rebelando y necesitamos ser sanados. Eso quiere decir que nuestro corazón aún no se encuentra completamente enfocado en el corazón de Dios, pues si el Pastor nos dice que enseñemos, debemos enseñar y no desobedecer porque toda autoridad ha sido establecida por Dios.

> "Sométase toda persona a las autoridades superiores; porque no hay autoridad sino de parte de Dios, y las que hay, por Dios han sido establecidas".
> —Romanos 13:1

Muchas personas que asisten a la iglesia solo hacen lo que quieren y no trabajan como Cuerpo. Por eso no reciben las bendiciones de Dios. Recuerdo que en la época cuando entrenaba con mi equipo de natación, si pretendíamos obtener algún triunfo, nadie hacía lo que quería, sino lo que nos indicaba el entrenador. Todos trabajábamos en equipo, como un cuerpo.

Cuando decimos que vamos a hacer algo, todos debemos emprender juntos esa tarea, es decir, tirar el carro hacia delante para un solo objetivo. Si cada uno tira hacia su lado o hacia su propia conveniencia, esta casa—la iglesia de Jesucristo—no va a permanecer. A veces, con facilidad juzgamos a nuestros líderes porque no están capacitados o carecen de ciertos conocimientos que nosotros tenemos, razón por la cual no queremos someternos ni aceptar su autoridad. Esta actitud demuestra que nos estamos rebelando y posiblemente el problema tenga una raíz en el pasado, cuando no nos queríamos sujetar a la autoridad paterna y consecuentemente la rebelión se anidó en nuestro corazón.

Jesús siempre respetó la autoridad del Padre y, estoy seguro de que no se sintió alegre ni estuvo feliz al ir a la cruz ni decía: *¡Oh Padre, qué lindo! Me voy a la cruz.* ¡No! Dijo: *Padre, si quieres, pasa de mí esta copa; pero no se haga mi voluntad, sino la tuya...* (Lucas 22:42) Y en un acto de amor, se sometió a la voluntad del Padre, la de ir a la cruz. Jesús cumplió con este proceder, el deseo y el anhelo del corazón del Padre, y con su obediencia y sometimiento trajo restauración, redención, expiación y salvación a toda la humanidad.

Cuando actuamos de la misma manera que actuó Jesús, siendo obedientes y sometiéndonos a su Palabra, el poder de Dios fluye en nuestras vidas y podemos enfrentar las fuerzas demoníacas y echarlas fuera. Por eso, Santiago 4:7, dice: *Someteos, pues, a Dios, resistid al diablo y huirá de vosotros.* Pero ¿cómo nos sometemos a Dios? Cuando estamos bajo el principio de autoridad. Si no hay autoridad sobre nuestras vidas, no estamos sometidos a Dios. Por otra parte, no debemos someternos por intimidación o miedo, sino por amor, debido a que estamos recibiendo revelación de la Palabra de Dios a través de la autoridad espiritual que Él puso sobre nuestras vidas.

Los hijos espirituales de Dios tenemos que aprender a obedecer a nuestros líderes. Justamente por ese motivo tenemos problemas en la estructura de la iglesia, no estamos en la visión, y el maligno aprovecha, viene, nos hace estragos y genera tremendos problemas en la feligresía, debido a la falta de sometimiento.

Cuando nos paramos frente a un demonio, él sabe si estamos o no bajo principio de autoridad. Yo, como pastor, respeto a mi autoridad y trato de cumplir cabalmente lo que dice la Palabra de Dios. Mucha gente dice que se pelea con tal o cual demonio, pero si estamos sometidos a la voluntad divina, no tenemos que pelear con ellos, sino sencillamente ordenarles. Jesús nunca peleó con un demonio. Solo les ordenaba y los expulsaba de las personas a quienes atormentaban.

El Evangelio dice que ciertos tipos de demonios solo salían con ayuno y oración, pero esa regla era porque Cristo aún no había vencido por nosotros en la cruz. Cuando Él venció, despojó a Satanás de toda autoridad y todo el poder.

...*Y Jesús se acercó y les habló diciendo: Toda potestad me es dada en el cielo y en la tierra* (Mateo 28:18) y esa potestad se nos transfirió a nosotros ...*la cual operó en Cristo, resucitándole de los muertos y sentándole a su diestra en los lugares celestiales, sobre todo principado* y autoridad y poder y señorío, y sobre todo nombre que se nombra, no sólo en este siglo, sino también en el venidero; y sometió *todas las cosas bajo sus pies, y lo dio por cabeza sobre todas las cosas a la iglesia* (Efesios 1:20-22).

Efesios 6:10-17 nos enseña que nuestra lucha no es contra carne ni sangre.

> "Porque no tenemos lucha contra sangre y carne, sino contra principados, contra potestades, contra los gobernadores de las tinieblas de este siglo, contra huestes espirituales de maldad en las regiones celestes. Por tanto, tomad toda la armadura de Dios, para que podáis resistir en el día malo, y habiendo acabado todo, estar firmes. Estad, pues, firmes, ceñidos vuestros lomos con la verdad, y vestidos con la coraza de justicia, y calzados los pies con el apresto del evangelio de la paz. Sobre todo, tomad el escudo de la fe, con que podáis apagar todos los dardos de fuego del maligno. Y tomad el yelmo de la salvación, y la espada del Espíritu, que es la palabra de Dios".

Esto significa que el enfoque de nuestros problemas no está en el plano natural, sino en el espiritual, y se nos recomienda que debemos estar afirmados en la Palabra, cubiertos con la armadura de Dios, ceñidos con la verdad, vestidos con la coraza de justicia, el escudo de la fe y la espada del Espíritu, porque en esa posición, podemos resistir al maligno, echar fuera todas las enfermedades y liberar a las personas, en el nombre de Jesús. El mundo espiritual está cimentado sobre la base de estructuras de autoridad.

Cuando viene un demonio, busca confundirnos en la mente y ataca nuestros sentidos para que no entendamos que somos hijos de Dios. Así intentó hacerlo con Jesús. No tenemos por qué demostrarle nada a él. La Biblia dice que al nacer de nuevo, somos hechos hijos de Dios y hermanos de Jesucristo. Él es el primogénito entre muchos hermanos, es "el Hijo de Dios" y nosotros somos hijos de Dios porque, espiritualmente hablando, Dios tiene hijos, no sobrinos. Cuando nos presentamos delante de las autoridades, debemos hacerlo como hijos de Dios. Somos hijos de Dios, no "el Hijo de Dios". Como Unigénito, Jesús sigue siendo único, pero como primogénito se multiplicó. Y como hijos de Dios que somos, tenemos poder y autoridad y los que están sometidos deben obedecer.

En el mundo invisible, los demonios transmiten el cáncer, la leucemia, el lupus, el alcoholismo, la pornografía y mucho más. Ellos deben estar y permanecer, no sobre la cabeza de un hijo de Dios, sino bajo sus pies. Ellos buscarán engañarnos en los sentidos, y ese era el temor de Pablo con respecto a los corintios. Mas los hijos de Dios ya no se manejan por los sentidos físicos, sino por medio de la fe. Así como cuando vamos volando en un avión y hay tormentas y no se ve nada, debemos ir tranquilos porque tenemos un tablero que nos guía a un destino seguro; esto mismo se aplica a la guerra espiritual.

En la conversación con el centurión, Jesús se sorprendió por el principio de autoridad en la vida de este. En la estructura de una nación, la posición que tiene un

Presidente es la establecida por Dios. Él estableció un estado de autoridad que está representado por los gobernantes de un país (ver Romanos 13:1). Nosotros tenemos que honrar esa posición hablando bien de ellos. No importa quién esté ocupando ese lugar. Jesús nunca habló mal en contra de la estructura de autoridad que ejercía el imperio romano sobre Israel.

> "Sométase toda persona a las autoridades superiores; porque no hay autoridad sino de parte de Dios, y las que hay, por Dios han sido establecidas".
> —ROMANOS 13:1

Nosotros también tenemos que aprender a bendecir a las autoridades, aunque no estemos de acuerdo con la persona. La autoridad está puesta por Dios. Además de este caso, ¿quién es la autoridad puesta por Dios? Los padres, en la casa. Si la mujer habla mal del marido, está hablando en contra de la autoridad. La cabeza del hogar es el marido.

Aprendamos de lo que Jesús hizo en el pasaje de Mateo capítulo 8, versículos 14 y 15.

> "Vino Jesús a casa de Pedro, y vio a la suegra de éste postrada en cama, con fiebre. Y tocó su mano, y la fiebre la dejó; y ella se levantó, y les servía. Y cuando llegó la noche, trajeron a él muchos endemoniados; y con la palabra echó fuera a los demonios, y sanó a todos los enfermos; para que se cumpliese lo dicho por el profeta Isaías, cuando dijo: El mismo tomó nuestras enfermedades, y llevó nuestras dolencias".

Cuando Jesús sanó a la suegra de Pedro, salió poder de Él con el solo hecho de tocarla. ¿Por qué? Porque Jesús estaba bajo la autoridad de su Padre. En una familia, es importante que se mantenga esa estructura de autoridad. Una empresa en la cual los gerentes estén peleados y haya división, nunca podrá prosperar. Toda casa que esté dividida será asolada, dijo Jesús.

> "Mas él, conociendo los pensamientos de ellos, les dijo: Todo reino dividido contra sí mismo, es asolado; y una casa dividida contra sí misma, cae".
> —Lucas 11:17

De la misma manera, los paños que estaban en Pablo eran llevados a los enfermos y eran sanados, y los demonios salían de las personas sin que nadie les reprendiese. Esto era por la unción que estaba en Pablo, que aún acompañaba al tejido. ¡Qué tremendo! Todos los milagros y sanidades que Jesús hizo fueron para que se cumpliera la palabra del profeta. Hoy en día, nosotros lo hacemos cumpliendo lo que Jesús dijo hace casi 2000 años. *"En mi nombre echarán fuera demonios... sobre los enfermos pondrán sus manos, y sanarán"* (Marcos 16:17-18). O sea, así también nosotros hacemos todo eso para que se cumpla lo dicho por Jesús acerca de todos nosotros.

Debemos procesar esa Palabra y empezar a vivir en ese nivel. Yo, como hombre, tengo que levantarme como autoridad en mi casa, bendecir mi casa, a mi esposa, bendecir a mis hijos, bendecir el trabajo, a la iglesia, bendecir a mi congregación todos los días, porque como pastor tengo el poder de bendecir, por principio de autoridad. Y lo hago. Cada día bendigo a los líderes de célula, a las personas que asisten a la iglesia les declaramos bendición, favor de Dios, cielos abiertos, en el nombre de Jesús.

Las personas que asisten a los servicios en la iglesia vienen con expectativas; por eso los predicadores no debemos presentarnos por casualidad. Venimos por un llamado de Dios, con el poder de Dios para ministrar a las personas y desatar bendición, y el que cree en la Palabra expuesta por el predicador, la toma, y los milagros empiezan a ocurrir. Pero todo eso podemos hacerlo cuando estamos en comunión con Dios.

Anhelo que las personas empiecen a crecer y a presentarse ante Dios por sus familiares, por los miembros de sus células y por su nación. Según la Palabra, somos reyes y sacerdotes. Tenemos que hacer eso e ir hacia la madurez espiritual, sin estar dependiendo de mamaderas y tomando solo leche. Hay personas que, luego de 20 años, siguen tomando leche y si tratamos de darle carne, ya se atragantan. Dios está llamando a cada uno a que crezcamos y alcancemos la madurez, para que ejerzamos ese poder que Dios puso sobre nosotros.

La investidura de un hijo de Dios

"He aquí os doy potestad de hollar serpientes y escorpiones, y sobre toda fuerza del enemigo, y nada os dañará".

—Lucas 10:19

La vida de Jesús es la revelación del propósito de Dios para nosotros. Una tercera parte de su ministerio en la tierra fue sanar enfermos y echar fuera demonios. Para eso Dios nos da una investidura y un poder. Cuando nos confiere esa facultad, entonces se presenta un conflicto de poderes. Antes de Cristo, nosotros no teníamos la capacidad de pelear contra las fuerzas espirituales. Por eso, en el Antiguo Testamento no se luchaba en el mundo espiritual, sino eran los ángeles del Señor quienes efectuaban estas hazañas. Moisés, por eso, le dijo al Señor: *Si tú no vas conmigo, yo no me voy*. Y el Señor le contestó: *Mi ángel irá delante de ti* (Éxodo 33).

El pueblo de Israel no tenía esa investidura que hoy tiene la Iglesia porque este poder fue transferido después de la muerte y de la resurrección de Cristo. Él nos transfirió legalmente esa autoridad, sobre todo poder que se nombra en este siglo y en el venidero. Así lo dice Efesios 1:19-23:

> … "y cuál la supereminente grandeza de su poder para con nosotros los que creemos, según la operación del poder de su fuerza, la cual operó en Cristo, resucitándole de los muertos y sentándole a su diestra en los lugares celestiales, sobre todo principado y autoridad y poder y señorío, y sobre todo nombre que se nombra, no sólo en este siglo, sino también en el venidero; y sometió todas las cosas bajo sus pies, y lo dio por cabeza sobre todas las cosas a la iglesia, la cual es su cuerpo, la plenitud de Aquel que todo lo llena en todo".

Este poder es de Dios para nosotros y resulta un poco confuso para la gente que lee este pasaje. Cuando creemos, Dios habilita todo su poder para que pueda venir sobre nuestras vidas como una investidura y ese poder no es humano, sino divino y espiritual. La Biblia dice en Zacarías 4:6: *No con ejército, ni con fuerza, sino con mi Espíritu, ha dicho Jehová de los ejércitos.* Es por eso que las personas que pretenden salir de las drogas, del alcohol, o de otros vicios, probablemente puedan hacerlo con la fuerza de su voluntad y salgan, pero no son libres y toda su vida viven en "jaque". Cuando Cristo viene y rompe esas cadenas, y vivimos en el poder de su fuerza, es una fuerza muy superior a la humana. ¡No podemos entrar a pelear con espíritus malignos con bombas atómicas, pistolas y espadas, porque no se puede!

El versículo 20 de este pasaje dice que Cristo se sentó a la diestra del Padre en los lugares celestiales y, para entenderlo mejor, tenemos que leer también Efesios 2:6, que dice:... *y juntamente con él nos resucitó, y asimismo nos hizo sentar en los lugares celestiales con Cristo Jesús....*

Los lugares celestiales son una posición de autoridad que Dios dio a la Iglesia. Por eso dijo Jesús que nos daba potestad de hollar serpientes y escorpiones y sobre toda fuerza del enemigo. Cuando el enemigo viene en contra nuestra, debemos estar en la posición de autoridad. Si no lo estamos, el enemigo hará lo que quiera de nosotros. La diestra de Dios es Cristo y, según la Palabra, allí está Cristo y nosotros todos sentados juntamente con Él. ¿Quién tiene que saber eso? Primeramente, nosotros. Tenemos una posición de autoridad, una investidura. Pertenecemos a una nueva línea, no más a la línea adámica, sino a la de Cristo. ¡Somos reyes y sacerdotes, y estamos sentados juntamente con Cristo!

"Y nos hizo reyes y sacerdotes para Dios, su Padre;
a él sea gloria e imperio por los siglos de los siglos.
Amén".

—Apocalipsis 1:6

"Respondió Jesús y dijo: No ha venido esta voz por
causa mía, sino por causa de vosotros. Ahora es
el juicio de este mundo; ahora el príncipe de este
mundo será echado fuera".

—Juan 12:30-31

Cristo Jesús, al morir en la cruz y después resucitar,
nos estableció en poder y en gloria, como hijos de Dios,
pues nos hizo reyes y sacerdotes. Los reyes gobiernan,
arman sus ejércitos, dan órdenes. En el nombre de Jesús,
nosotros tenemos poder para echar fuera demonios,
sanar a los enfermos, liberar a los cautivos, levantar al
país de la miseria, y la pobreza, y establecer el Reino de
Dios en nuestra nación.

El juicio de este mundo es en este tiempo, y eso Jesús lo
dijo hace ya 2000 años. Ahora el príncipe de este mundo
será echado fuera. ¿Por qué Jesús hizo esta afirmación de
que "ahora es el juicio de este mundo"? Porque la palabra
que sale de la boca de Jesús es la que genera el juicio a
favor o en contra de nosotros. En Juan 12:48, Él dijo que
su Palabra nos juzgaría.

"El que me rechaza, y no recibe mis palabras, tiene
quien le juzgue; la palabra que he hablado, ella le
juzgará en el día postrero".

Es importante entender en el mundo espiritual el
juicio de Dios. Cuando recibimos la Palabra, se hace un

juicio que puede resultar a nuestro favor o en nuestra contra. Si crees, eres salvo. Si no crees, te condena. Su Palabra nos exhorta. Si crees, eres sano; si no crees, sigues enfermo. Si crees, viene la prosperidad de Dios. Si no crees, sigues en miseria. ¡Ahora es el juicio! Por la Palabra somos libres o seguimos esclavos. Debemos recibir la Palabra de Cristo.

Cuando los religiosos venían y escuchaban a Jesús, salían iguales o peores porque al rechazar la Palabra, salían condenados. Sin embargo, aquella mujer con flujo de sangre que decía: *Si tan solo tocare el borde de su manto, seré salva* (Mateo 9:21), recibió el juicio sobre su enfermedad. Se le hizo justicia y fue sanada.

RECLAMAR LO QUE ES NUESTRO

Así se hace la guerra espiritual. Tenemos que reclamar lo que es nuestro. Un hermano en la iglesia nos contó su testimonio sobre cómo reclamó al Señor una casa que él deseaba desde hacia tiempo. Empezó a dar vueltas alrededor de ella, la ungía con aceite y luego de dos años, esa casa fue suya. ¿Qué es lo que esperamos? Si no tenemos visión y proyección en nuestra vida, nunca podremos arrebatar todas las promesas de Dios. Nosotros somos ricos, pero si seguimos pobres, es porque no creemos que Cristo nos pueda bendecir. No estoy hablando solo de finanzas. Tener paz en nuestro hogar es ser rico, tener una familia en victoria es ser rico, tener la salud divina es ser rico (hay muchos ricos que con todos sus millones, están enfermos y necesitan un milagro que solo Jesús puede darles).

¡Ahora es el juicio! El tribunal de Cristo vendrá para

nosotros cuando Él venga, pero el juicio ya se hizo. El juicio ante el gran Trono Blanco será al final del milenio, pero solo se realizará para golpear el martillo porque el juicio ya se cumplió. La Palabra de Dios ya les condenó o les libertó. El que cree, arrebata y es libre.

Ahora el príncipe de este mundo será echado fuera, dijo Jesús. ¿De qué fue echado fuera? Entendamos que el diablo era un pseudogobernador sobre la tierra. La tierra nos pertenecía a nosotros y nuestros antepasados la perdieron y la entregaron a Satanás. Pero de acuerdo a las escrituras, él ya fue echado fuera y Cristo vino a establecer a los hijos de Dios como gobernadores sobre la tierra. La línea de Adán perdió su oportunidad y la línea de Cristo gobierna. Si nos gobiernan, tenemos al diablo arriba de la cabeza. Mas si nosotros gobernamos, tenemos al diablo bajo nuestros pies, ¡en el nombre de Jesús! ¡Aleluya!

La línea de Adán no tiene poder. La línea de Cristo es la que tiene poder. Por eso, al venir a la cruz ponemos fin a esa línea adámica que nos condenaba y se abre una nueva línea de bendición donde gobernamos. Lo que decimos, será hecho, nuestra palabra tiene poder. Si decimos al monte que se mueva al mar, este lo tiene que hacer.

Jesús reconquistó el poder sobre la tierra y lo transfirió a la Iglesia

Jesús vino a restaurar nuestra autoridad en la tierra. En la cruz, Jesús hizo un juicio al diablo y lo echó fuera, le quitó la autoridad que tomó por medio de engaño. Él venció, resucitó de la muerte, ya que ni aún la muerte pudo retenerlo (ver Filipenses 2:6-11).

"...el cual, siendo en forma de Dios, no estimó el ser igual a Dios como cosa a que aferrarse, sino que se despojó a sí mismo, tomando forma de siervo, hecho semejante a los hombres; y estando en la condición de hombre, se humilló a sí mismo, haciéndose obediente hasta la muerte, y muerte de cruz. Por lo cual Dios también le exaltó hasta lo sumo, y le dio un nombre que es sobre todo nombre, para que en el nombre de Jesús se doble toda rodilla de los que están en los cielos, y en la tierra, y debajo de la tierra; y toda lengua confiese que Jesucristo es el Señor, para gloria de Dios Padre".

Jesús es exaltado a lo sumo, sobre todo principado, potestad, poder y fuerza, y sobre todo nombre que se nombra en este siglo y en el venidero. Y esa autoridad la entregó a la Iglesia. La Iglesia es ahora la que debe establecer el dominio de Cristo y extender el Reino de Dios sobre la tierra. Él no conquistó la tierra sometiéndose al diablo, como muchos lo hacen por poder e influencia a través de brujería y hechicería. El poder que el diablo ofrece es temporal, pero el poder que Cristo conquistó es eterno. Él sabía que en la cruz conquistaría todos los reinos de vuelta y nos los transferiría a nosotros, su Iglesia.

Cristo nos reclamará lo que hayamos hecho con el poder que nos dio. Nos reclamará cuántas almas conquistamos para su Reino, cuánto nos multiplicamos, a dónde hemos llegado con el poder que nos dio porque todo eso nos pertenece y si no lo llegamos a poseer, es porque no lo creímos.

"De cierto, de cierto os digo: El que en mí cree, las obras que yo hago, él las hará también; y aun mayores hará, porque yo voy al Padre".

—Juan 14:12

¿Se imagina el nivel de poder y autoridad que poseemos? Con la razón no se puede entender, pues es por la fe. Tenemos poder sobre el cáncer, sobre el alcohol, sobre las drogas, sobre cualquier demonio que se levante en contra nuestra. Así lo dice Efesios capítulo 1. El Señor sometió todas las cosas. Cuando algo está sometido, está bajo nuestra autoridad. La palabra "someter" implica que hay algo que está bajo nuestros pies.

"…nos bendijo con toda bendición espiritual en los lugares celestiales en Cristo, según nos escogió en él antes de la fundación del mundo, para que fuésemos santos y sin mancha delante de él, en amor habiéndonos predestinado para ser adoptados hijos suyos por medio de Jesucristo, según el puro afecto de su voluntad…en quien tenemos redención por su sangre, el perdón de pecados según las riquezas de su gracia, que hizo sobreabundar para con nosotros en toda sabiduría e inteligencia…y habiendo creído en él, fuisteis sellados con el Espíritu Santo de la promesa…y cuál la supereminente grandeza de su poder para con nosotros los que creemos, según la operación del poder de su fuerza, la cual operó en Cristo, resucitándole de los muertos y sentándole a su diestra en los lugares celestiales, sobre todo principado y autoridad y poder y señorío, y sobre todo nombre que se nombra, no sólo en este siglo, sino también en el venidero; y sometió todas las cosas bajo sus pies, y lo dio por cabeza sobre

todas las cosas a la iglesia, la cual es su cuerpo, la plenitud de Aquel que todo lo llena en todo".
—Efesios 1:3–22

Ahora entendemos mejor lo que dijo Jesús cuando nos dio potestad para hollar sobre toda fuerza del enemigo. ¿Con qué se holla? Con los pies. ¡Y los versículos 22 y 23 nos dicen que Él puso por cabeza sobre todas las cosas a la Iglesia! Nosotros somos Iglesia y Él sometió todo principado, todo poder, todo nombre que se nombra en este siglo y en el venidero, bajo nuestros pies. ¡Reinemos en el nombre de Jesús!

Si ha captado esto, ya puede empezar a vivir una vida totalmente diferente, pues ya no se peleará más con su cónyuge, con familiares, compañeros de trabajo o amigos. Entenderá que su lucha no es contra carne ni sangre (seres humanos).

La Palabra dice que el Reino de Dios sufre violencia y que los violentos lo arrebatan (vea Mateo 11:12). No habla de violencia física, sino de violencia espiritual. Nosotros tenemos que arrebatar todas las promesas que Dios tiene para cada uno de nosotros. Si ellas se activan en nuestras vidas, grandes beneficios nos vendrán, para nuestros hijos, para nuestra familia, porque hemos creído. El justo vivirá por la fe y no por la razón.

Tenemos que predicar y presentar a nuestros amigos la verdad: que Cristo venció en la cruz, y que se puede vivir sin maldad, sin corrupción, sin mentiras, una vida de éxito, de bendición, de paz y de armonía cuando Cristo viene a nosotros y tiene la soberanía sobre nuestras vidas.

Vayamos a la madurez

Realmente, tenemos que aprender cómo pelear esta lucha espiritual. A veces, nos gusta más las prédicas que apelan al alma y tocan nuestras emociones, que son muy lindas pero no totalmente espirituales. La prédica espiritual es la que identifica la vida de Cristo. Cuando ya solucionamos los problemas, nos permite ir hacia la victoria, hacia la plenitud, hacia el ejercicio de la voluntad de Dios, sin estar todavía solucionando problemas internos. Por eso, dice Hebreos 5:12: *todavía están tomando leche, todavía siguen volviendo a lo mismo…* Tenemos que dejar lo de antes y tomar lo de Cristo. Él iba por las aldeas predicando el evangelio del Reino de Dios, sanando enfermos y echando fuera los demonios.

No podemos desestimar este privilegio que nos fue otorgado para ejercer el poder. ¡Qué bueno es ver que podemos echar fuera demonios y ver los cambios! ¡Somos nosotros los que tenemos ese poder, los hijos de Dios! Somos parte de este conflicto, de la guerra. Cuando vamos a esta guerra espiritual, tenemos que estar preparados espiritualmente. Tenemos que aprender a orar y salir nutridos de la presencia de Dios.

Tenemos también que aprender a adorar. La adoración tiene un poder tan grande porque es así como tocamos a Dios y la inyección de Dios viene sobre nuestra vida y cargamos de nuevo las baterías. También debemos orar constantemente en lenguas. La Biblia dice que el que ora en lenguas habla a Dios y se edifica a sí mismo (1 Corintios 14:2,4). Cuando salimos de habernos edificado a nosotros mismos, es como haber levantado pesas una hora espiritualmente. ¡Y cuando los demonios nos vean salir así, temblarán y huirán! Cuando los demonios veían a Jesús, se arrodillaban y eso es porque sabían que Él tenía poder. Le decían:

> "…Déjanos; ¿qué tienes con nosotros, Jesús naza-
> reno? ¿Has venido para destruirnos? Yo te conozco
> quién eres, el Santo de Dios".
>
> —Lucas 4:34

Juan 3:8 nos dice: *Para esto apareció el Hijo de Dios, para deshacer las obras del diablo.*

Poseídos por el Espíritu Santo

Así como los demonios necesitan un cuerpo para manifestarse, Dios también ha escogido manifestarse a través del cuerpo de un ser humano que le cree y a quien Él llena con su Espíritu Santo. Dios se revela con su poder a través de la vida de sus hijos que también son poseídos por el Espíritu Santo.

La posesión de las personas que veremos a continuación, viene a ser el control absoluto dado a esos espíritus malignos. Es lo mismo que sucede cuando el Espíritu Santo nos posee; estamos guiados totalmente por Él. Estamos anclados profundamente a la Palabra de Dios y no tenemos la capacidad de desobedecer porque somos poseídos por el Espíritu de Dios. Entonces, nos convertimos en personas valerosas y fuertes. Repita: ¡Soy fuerte en Cristo Jesús!

Nosotros atormentamos a los espíritus malignos

"Y clamaron diciendo (los espíritus): ¿Qué tienes con nosotros, Jesús, Hijo de Dios? ¿Has venido acá para atormentarnos antes de tiempo?".

—Mateo 8:29

Las personas normalmente son atormentadas por espíritus malignos, pero en el conflicto del Reino, como hijos de Dios, estamos parados firmes en su llamado y nos vamos renovando constantemente en entendimiento por medio de la Palabra. Debemos tener en claro que si nos encontramos con un espíritu maligno, no somos nosotros los atormentados. Nosotros generamos el tormento para las tinieblas. Somos una terrible tempestad sobre las tinieblas, nos convertimos en un problema para los espíritus malignos porque como hijos de Dios estamos llenos de la luz de Cristo. Ahora caminamos, confrontamos y atormentamos a los demonios. Estos no nos tienen que atormentar a nosotros, sino nosotros a ellos.

Pero…¿qué sucede? Somos nosotros quienes normalmente estamos del otro lado, y cuando aparece gente endemoniada nos asustamos. Debemos entender que cuando estamos en Cristo, es como si fuera que Jesús mismo está caminando y pisando la tierra donde estamos parados porque nosotros tenemos la investidura de ser un hijo de Dios, de un Rey y Sacerdote, y podemos ejercer toda la autoridad para atormentar los malos espíritus en nuestros barrios y en cualquier lugar donde nos encontremos.

Normalmente cuando se nos presenta una situación

difícil espiritualmente, entra el temor y nos achicamos, nos apagamos y buscamos soluciones naturales. Pero en ese mismo instante, tenemos que crecer y estar por encima de toda circunstancia: reprender en el nombre de Jesús, echar fuera demonios y convertirnos en la tormenta para esa situación. Somos hijos de Dios. Gobernamos y somos poderosos en Cristo.

PODER PARA PERMITIR

"Y clamaron diciendo: ¿Qué tienes con nosotros, Jesús, Hijo de Dios?".
—MATEO 8:29

¿Qué tenemos nosotros contra ellos? Nosotros avanzamos contra el mundo de las tinieblas y contra toda manipulación espiritual de cualquier tipo en nuestra región, en nuestro barrio, en nuestra casa, zona, en nuestro trabajo, etc.

"Estaba paciendo lejos de ellos un hato de muchos cerdos. Y los demonios le rogaron diciendo: Si nos echas fuera, permítenos ir a aquel hato de cerdos".
—MATEO 8:30

Debemos entender que hay regiones controladas, pero nosotros como reyes tenemos la autoridad de permitir o no que esos espíritus estén ahí. Ellos le dijeron a Jesús: "*permítenos*". Nosotros le damos permiso a quien quiere en el nombre de Jesús. Si en la casa empiezan a haber manifestaciones espirituales, su cónyuge está teniendo actitudes indebidas o su hijo tiene problemas, es porque usted lo permite. A veces nosotros queremos manejar la situación en el plano natural y resolver humanamente estas situaciones; pero son espirituales. El mundo invisible es mucho más real que el mundo visible.

Es por eso que cuando empezamos a caminar en el Reino de Dios, entramos en las confrontaciones, pero nosotros tenemos el poder para permitir.

> "Él les dijo: Id. Y ellos salieron, y se fueron a aquel hato de cerdos; y he aquí, todo el hato de cerdos se precipitó en el mar por un despeñadero, y perecieron en las aguas. Y los que los apacentaban huyeron y viniendo a la ciudad, contaron todas las cosas, y lo que había pasado con los endemoniados. Y toda la ciudad salió al encuentro de Jesús; y cuando lo vieron, le rogaron que se fuera de sus contornos".
>
> —Mateo 8:32–34

Esta gente no entendió que Dios mismo estaba ahí. Hay algo interesante en este pasaje. ¿Por qué Jesús le dijo que fueran a los cerdos? Existen varias explicaciones teológicas con respecto a eso. Pero lo que importa es que nosotros tenemos la autoridad para permitir que esos espíritus sigan estando donde están o no. El Reino siempre genera un conflicto.

Los moradores de Gadara, en vez de invitar a Jesús que se quedara allí, se aferraron más a la provisión humana que a la de Dios. Ellos dependían de sus cerdos, no dependían de Cristo. Jesús iba a proveer una tremenda bendición en sus vidas si ellos aceptaban su obra de antemano, además de lo que Él podía hacer después de la cruz, cuando resucitó de entre los muertos. El Reino genera confrontación.

EL PLANO NATURAL O ESPIRITUAL

Cuando me encuentro con una confrontación tengo dos opciones: resolver el problema en el plano natural—cuya consecuencia va a generar un desgaste humano y me puede llevar a años de pelea—o tomar la posición de autoridad, entendiendo que tengo que alinearme a la Palabra de Dios. Esto es ejercer la autoridad, echar fuera espíritus y no permitir que nada malo ocurra en mi hogar, en mi lugar de trabajo o donde sea que esté caminando. Porque todo lo que pisare la planta de mis pies, puedo poseerlo. Cuando yo piso un lugar es como si fuera que Dios estuviera pisando. Nosotros somos los pies de Dios en la tierra y tenemos el poder de poseer lo que estén ellos tocando. Esto habla de la posesión de zonas estratégicas, donde nosotros tenemos autoridad.

Capítulo 4

REQUISITOS PARA
LA BATALLA

1. El nombre de Jesús y el discernimiento de espíritus

Si Jesús vino para hacer eso, recordemos que él dijo que la obra que Él hizo, nosotros la haríamos también. Por lo tanto, si una tercera parte de su ministerio fue echar fuera demonios, también nosotros tenemos que hacerlo. Es preciso aprender cómo encarar este conflicto espiritual y cómo orar. Siempre debemos orar primero para presentar las peticiones ante Dios. Debemos aprender cómo realizar una intercesión, cómo ponerse en la brecha, pero también una parte de la oración es resistir al diablo para que él huya de nosotros. No todo el momento estaremos resistiendo al diablo, sino que hay lapsos en los cuales lo haremos definitivamente y lo echaremos fuera en el nombre de Jesús. Solo en el nombre de Jesús se echa fuera al diablo.

La autoridad y el poder están en el nombre de Jesús. Podemos decir Jesús en el idioma que quieras (en inglés, francés, guaraní, hebreo). En cualquier idioma, Jesús es el mismo. Hago especial hincapié en esta cuestión porque también algunos dicen que no se puede decir Jesús sino Yeshua, porque Él no entiende si se le dice Jesús. Eso no es verdad. Yeshua es en hebreo y es solo un idioma. Si vamos a la raíz hebrea, veremos que tiene sus variantes y ramificaciones. En el idioma en que le digamos, el demonio nos entenderá si proclamamos a Jesús.

El nombre de Jesús es la piedra del escándalo. Ahí es donde se marca la diferencia. Cuando decimos Dios, Elohim, Jehová, etc., todo está bien. Pero cuando decimos

Jesús, ahí viene el problema, porque los demonios se activan en nuestra contra al usar el nombre de Jesús. Debemos definirnos correctamente en nuestra vida espiritual para saber que tenemos el poder para sanar enfermos y echar fuera demonios. Ese es el problema de una gran cantidad de personas que van a las iglesias.

Incluso, en muchas de ellas no quieren hablar de estos temas porque es locura, lo cual quiere decir que si analizamos el ministerio de Jesús, ¡entonces también diríamos que Él estaba loco! A los treinta años, ya estaba echando fuera demonios e incluso se pasaba haciéndolo toda la noche. Mateo 8:16 nos dice que con la Palabra los echaba fuera y sanaba a los enfermos. En el transcurso de su vida ministerial, Jesús practicó todo esto de una manera normal, y también debe serlo en la nuestra. Si vemos a una persona con problemas espirituales, solo espiritualmente se podrá resolver.

Por eso, hay que saber discernir lo que una persona tiene. Mucha gente empieza a reprender y dice: "Espíritu sordo y mudo, te echo fuera", ¡y no hay ningún espíritu allí! A lo mejor, la persona necesita un milagro para que se le abra el oído. Mas hay veces también que existen espíritus que dejan sordo y mudo. En la guerra, se usa la tecnología. La tecnología espiritual es el discernimiento de espíritus.

En el mundo natural, lo que nos defiende es el discernimiento por los sentidos, pero tenemos que activar esa sensibilidad a los dones del Espíritu: discernir espíritus, palabra de ciencia, pedir revelación de la situación a Dios para pelear correctamente para saber cuándo hay que orar por sanidad y cuándo echar fuera demonios.

2. Deshacerse del doble ánimo: el grave problema de los israelitas

Si analizamos la vida de los israelitas en la Biblia, vemos que ellos eran totalmente almáticos. Cuando Dios les entregó la Palabra, les dijo que cuando cruzaran el Jordán, ya iban a poder tomar posesión de la tierra prometida. Dios les había dicho que esa tierra era de ellos y, por ende, los gigantes que ahí estaban eran usurpadores. Esa tierra era de Israel, pero no confiaron en la Palabra de Dios y enviaron espías. Dudaron de la Palabra y del Señor. Él, en su gran misericordia, les tuvo paciencia hasta que pasó el período de 40 días y regresaron de espiar. Llegaron y dijeron que la tierra estaba llena de gigantes. Nunca escucharon la voz de Dios, que les había dicho que esa tierra era de ellos y no de los gigantes. ¡Los gigantes son para cortarles el cuello!

Este ejemplo es categórico. A los gigantes que se encuentran delante de nosotros como obstáculos en nuestros planes, tenemos que vencerlos porque Dios nos dio la promesa de victoria y en Cristo, para el que cree todo le es posible. El problema más grande que tenemos en la guerra espiritual no son los gigantes, sino nosotros: nuestros propios gigantes, nuestras heridas, debilidades y excusas a los que tenemos que derribar.

David tuvo un problema con esto. Le ungieron como rey e inmediatamente, tumbó su primer gigante siendo un pastorcito y le fue muy fácil. Pero después de muchos años recién, pudo tumbarse a sí mismo en el desierto porque ahí logró depender real y totalmente de Dios. En el momento en que estaba delante de Saúl, él estaba preparándose para tomar el poder de Israel con su propia fuerza, pero no era con la suya, sino con la del Dios. El Señor estaba esperando para ver de qué manera David tomaba el poder de Israel, si por sus medios o si esperaba a que Él se lo entregase.

David tuvo que entender que el poder no se tiene que ambicionar para tomarlo con la fuerza propia, sino cuando Dios mismo nos lo entrega. Él nos va a levantar. Así, David esperó hasta que Dios eliminara a Saúl y ahí recibió la segunda unción en Hebrón, luego en Jerusalén y finalmente su reino se estableció sobre todo Israel.

Cada uno de nosotros, en nuestra vida, tenemos que pasar por este proceso de crecimiento y madurez para ejercer el poder. Israel no entendió eso y presentó una multitud de excusas para mirar hacia atrás. Pablo, sin embargo, tenía la filosofía de olvidar ciertamente lo que estaba atrás y extenderse hacia adelante.

> "Hermanos, yo mismo no pretendo haberlo ya alcanzado; pero una cosa hago: olvidando ciertamente lo que queda atrás, y extendiéndome a lo que está delante".
>
> —Filipenses 3:13

Mirar atrás es mirar hacia el pasado, la baja autoestima, los problemas, la ascendencia, de dónde venimos, y la Biblia dice:

"puestos los ojos en Jesús, el autor y consumador de
nuestra fe..."
—Hebreos 12:2

¡No miremos atrás! Según Lucas 9:62, el que mira para
atrás no es apto para el Reino de los cielos.

"Y Jesús le dijo: Ninguno que poniendo su mano
en el arado mira hacia atrás, es apto para el reino
de Dios".

Debemos aprender a desarrollar nuestro ser espiritual.
Somos un espíritu que tiene un alma y vive en un cuerpo.
El cuerpo, luego de morir, se desecha y solo quedan el espíritu y el alma. Dios, a su vez, preparó un cuerpo glori-
ficado para nosotros.

En la guerra espiritual, el grave problema de Israel fue
que no entendieron la Palabra de Dios. Si Él nos dice
algo, ya es. Y si Dios dice, nosotros solo tenemos que
obedecer porque la obediencia nos lleva a la plenitud y
desata todas las promesas de Dios sobre nuestras vidas.
Los israelitas se fueron, tenían que cruzar el Jordán y
marchar con absoluta confianza, creyendo lo que Dios
dijo. Muchas veces, nosotros decimos: "Dios dijo, pero
allá hay gigantes, hay problemas, hay dificultades. Es
gente hostil". Dios dijo y ya es. Dios va a cumplir su Palabra. Cuando Dios dijo, ya fue.

El problema de ellos fue que no creyeron y no cami-
naron en victoria. Eran personas de doble ánimo. Las
personas de doble ánimo son las que dicen un día: "Hoy
te amo, Señor"; al día siguiente: "Hoy no quiero ir a la
iglesia". Y luego declara: "Hoy voy a abrir mi célula", otro

Member: SANCHEZ

Library Hours:

Monday: 9:00 - 6:00
Tuesday: 9:00 - 6:00
Wednesday: 9:00 - 6:00
Thursday: 9:00 - 8:00
Friday: 9:00 - 6:00
Saturday: 9:00 - 5:00
Sunday: Closed

Upcoming library holidays / closed days:

Tuesday, December 24th
Wednesday, December 25th
Thursday, December 26th
Wednesday, January 1st

Date: 12/20/2019 3:58pm
Member: SANCHEZ

Title	Author	Due
La guerra esta ganada	Abreu, Emilio	1/10

Total items currently out: 1.

Wow! In 2019, you have saved $787.

Library Hours:

Monday: 9:00 - 6:00
Tuesday: 9:00 - 6:00
Wednesday: 9:00 - 6:00
Thursday: 9:00 - 8:00
Friday: 9:00 - 6:00
Saturday: 9:00 - 5:00
Sunday: Closed

Upcoming library holidays / closed days:

Tuesday, December 24th
Wednesday, December 25th
Thursday, December 26th
Wednesday, January 1st

día: "Hoy voy a cerrar mi célula", o "Te quiero, mi amor", otro día: "No quiero ver a nadie, salgan todos". Son inconstantes y solo quieren recibir prédicas almáticas toda la vida. Dios nos está llamando a la madurez, no a tomar leche toda la vida con la sanidad y la liberación que ya recibimos hace años. Debemos ponernos las pilas y marchar hacia adelante con el poder que hay en el nombre de Jesús.

Examinemos la situación de Israel en Deuteronomio 1:41-45:

> "Entonces respondisteis y me dijisteis: Hemos pecado contra Jehová; nosotros subiremos y pelearemos, conforme a todo lo que Jehová nuestro Dios nos ha mandado. Y os armasteis cada uno con sus armas de guerra, y os preparasteis para subir al monte. Y Jehová me dijo: Diles: No subáis, ni peleéis, pues no estoy entre vosotros; para que no seáis derrotados por vuestros enemigos. Y os hablé, y no disteis oído; antes fuisteis rebeldes al mandato de Jehová, y persistiendo con altivez subisteis al monte. Pero salió a vuestro encuentro el amorreo, que habitaba en aquel monte, y os persiguieron como hacen las avispas, y os derrotaron en Seir, hasta Horma. Y volvisteis y llorasteis delante de Jehová, pero Jehová no escuchó vuestra voz, ni os prestó oído".

De suma importancia es saber que cuando hacemos guerra espiritual, Dios indefectiblemente tiene que estar con nosotros. En este pasaje, Dios les dijo que no fueran a la guerra porque Él no estaría con ellos. En primer lugar, debían arreglar su situación con Él. En un principio, Dios les había dicho que fueran a la conquista y no fueron. Entonces, les habló duramente y todos ellos decidieron ir. Y esta vez, Dios les dijo que no fueran, pero fueron igual. ¡Totalmente al revés! Se trataba de personas de doble ánimo que vivían almáticamente y no espiritualmente. En la vida espiritual, cuando Dios dice y yo hago, ya está. Pero si Dios dice y no hacemos, lo mismo ya es, pero no para nosotros, sino para quien se aferra a la Palabra y la hace suya.

En el Nuevo Testamento (Romanos 8:31 parafraseado), se nos dice que si Dios es por nosotros, ¿quién contra nosotros? Eso quiere decir que no importa quién se presente contra ti. Dios tiene que estar contigo y ese es el problema de mucha gente. Quieren enfrentarse a hacer una liberación, mas Dios no está con ellos, por causa de sus puertas abiertas (siguen mintiendo, comiendo, mirando pornografía, cayendo en pecado sin cesar).

Si Dios está con nosotros y echamos fuera a un demonio en el nombre de Jesús, se va. El poder del nombre de Jesús se manifiesta si estamos conectados a la presencia de Dios. ¡Sin santidad, nadie verá a Dios! ¡Y si no vemos a Dios, Él tampoco nos ve y no puede darnos su amparo! Si no vamos con Dios a la guerra, vamos solos y saldremos derrotados.

> "Seguid la paz con todos, y la santidad, sin la cual nadie verá al Señor".
> —Hebreos 12:14

Todos los días tenemos que estar conectados con Dios, practicar la oración, la comunión con Dios. Cuando salimos de la casa, debemos practicar la conciencia de Dios, pues si la tenemos, cuando pasemos por un lugar donde hay cosas que no debemos mirar, no miraremos. En el momento en que se nos provoque una tentación, podremos rechazarla.

3. La perseverancia y la actitud frente al enemigo

Dios nos llama a vivir en una comunión plena con Él, a tener los oídos afinados a Él. En la guerra espiritual y en la vida nuestra, cuando estamos orando y entrando en un conflicto espiritual, las cosas no ocurren de la noche a la mañana. Sea que se trate de orar por un hijo que está en las drogas o alcohol, por un marido apartado de Dios, no oraremos una sola vez y ya veremos el resultado. En un conflicto espiritual; muchas veces tarda tiempo. Muchas personas oraron trece, veinticinco años...y hay otras que oraron una semana y ya consiguieron lo que pidieron. Hasta que no lo obtengamos, debemos mantenernos en ese estado de oración y afrontar el conflicto espiritual con perseverancia.

En Éxodo 17:8–14, hay principios tremendos para la guerra espiritual.

"Entonces vino Amalec y peleó contra Israel en Refidim. Y dijo Moisés a Josué: Escógenos varones, y sal a pelear contra Amalec; mañana yo estaré sobre la cumbre del collado, y la vara de Dios en mi mano. E hizo Josué como le dijo Moisés, peleando contra Amalec; y Moisés y Aarón y Hur subieron a la cumbre del collado. Y sucedía que cuando alzaba

Moisés su mano, Israel prevalecía; mas cuando él bajaba su mano, prevalecía Amalec. Y las manos de Moisés se cansaban; por lo que tomaron una piedra, y la pusieron debajo de él, y se sentó sobre ella; y Aarón y Hur sostenían sus manos, el uno de un lado y el otro de otro; así hubo en sus manos firmeza hasta que se puso el sol. Y Josué deshizo a Amalec y a su pueblo a filo de espada. Y Jehová dijo a Moisés: Escribe esto para memoria en un libro, y di a Josué que raeré del todo la memoria de Amalec de debajo del cielo".

Cuando viene el enemigo, se debe salir a enfrentar la situación espiritualmente. En el Antiguo Testamento, peleaban en el plano natural; en el Nuevo Testamento, en el espiritual. Y las cosas que están escritas en el Antiguo Testamento son para nuestra enseñanza y ejemplo.

"Porque las cosas que se escribieron antes, para nuestra enseñanza se escribieron, a fin de que por la paciencia y la consolación de las Escrituras, tengamos esperanza".
—Romanos 15:4

Existen dos niveles en los cuales podemos enfrentar al Amalec, el enemigo. Uno es con intercesión, con la vara de autoridad. Isaías 11:4 dice que nuestra boca, nuestra lengua es una vara: *Sino que juzgará con justicia a los pobres, y arguirá con equidad por los mansos de la tierra; y herirá la tierra con la vara de su boca, y con el espíritu de sus labios matará al impío.*

Cuando enviamos la Palabra, tenemos poder. Jesús echó fuera demonios con la Palabra.

"La muerte y la vida están en poder de la lengua, y el que la ama comerá de sus frutos".
—PROVERBIOS 18:21

Podemos acabar con la corrupción, con la enfermedad, maldiciéndolas, así como Jesús maldijo la higuera y se secó. A la enfermedad hay que maldecirla de raíz porque no viene de Dios, pues Él no envía enfermedades a nadie, sino que viene como consecuencia de la introducción del pecado en la tierra y es el diablo quién la mueve y promueve.

Tenemos que pelear contra la enfermedad de todas las maneras posibles, pero usando el nombre de Jesús. A la idolatría hay que maldecirla de raíz. Hay poder cuando maldecimos. Conozco casos de padres que maldijeron a sus hijos, diciéndoles que nunca se casarían, ¡y nunca se casaron! Y si sobre la vida de un hijo tiene poder la maldición paterna, tenemos poder para maldecir lo que se levanta contra nosotros.

Como vimos en Éxodo, Josué fue a la batalla mientras que Moisés, Aarón y Hur oraban.

También ahora la gente tiene que estar orando o repartiendo Biblias, y predicando (siempre respaldados por los auxiliares de oración). Dentro de una estructura familiar, es imprescindible que las mujeres oren por los maridos, que los padres den la cobertura espiritual a sus hijos orando por ellos, tomando autoridad en contra de todo espíritu que se levante contra su familia, porque por algún lado el enemigo quiere entrometerse para destruir el hogar, el trabajo, traer maldición, pobreza, miseria y otros males. Tenemos que discernir y, al hacerlo, maldecir su fuerza y echarlo fuera en el nombre de Jesús. No podemos cruzarnos de brazos en el mundo espiritual. Satanás no se cruza de brazos. Viene para hurtar, matar y destruir. Todos los que espiritualmente tienen vida deben involucrarse en el mundo espiritual. Tenemos que atar y desatar en el nombre de Jesús.

En la vida espiritual, ocurre lo mismo que le sucedió a Moisés, cuando se bajan los brazos y no se ora. Si no tomamos autoridad, Amalec prevalecerá. Es importante mantener los brazos en alto y cuando nos cansemos, debemos tener un Aarón que nos sostenga. Eso habla de una célula de estudio bíblico, donde tenemos el respaldo de los líderes, de la gente que nos rodea que orará por nosotros, que nos levantará los brazos cuando estemos cansados, poniéndonos sobre la roca. Así prevalecerá Cristo y no Amalec.

Le desafío a que pruebe dejar de orar por un mes, ¡y verá las consecuencias que le sobrevendrán! ¡El mundo se le vendrá abajo y el diablo se sentará sobre su cabeza, haciendo estragos! ¡No deje de orar ni de leer la Palabra de Dios! Déle su tiempo a Dios y saldrá nutrido, ungido y cubierto. Mande los misiles de oración sobre las situaciones que debe enfrentar en el día.

¡No se puede vivir una vida cómoda! La Biblia nos habla de que esta es una guerra entre el bien y el mal, entre las tinieblas y la luz. Todo el reino de las tinieblas está en contra de nosotros, que pasamos de tinieblas a luz, ¡pero todo el Reino de la luz está a favor de nosotros!

La oración tiene poder para llegar de aquí al Japón. Podemos orar desde aquí por África y la oración llega porque no tiene límites en el cuadro geográfico. Si mandamos la Palabra de aquí a Europa, llegará.

No podemos parar de orar hasta que cada conflicto se resuelva en nuestras vidas. Mucha gente ora una vez y luego para. Hasta que no tengamos la victoria, no dejemos de orar por la situación que nos quiere abatir. Luego, por otra y así, sucesivamente. No debemos dejar de orar hasta que Cristo venga.

4. Declarar la Palabra de Dios

"Y recorrió Jesús toda Galilea, enseñando en las sinagogas de ellos, y predicando el evangelio del reino, y sanando toda enfermedad y toda dolencia en el pueblo. Y se difundió su fama por toda Siria; y le trajeron todos los que tenían dolencias, los afligidos por diversas enfermedades y tormentos, los endemoniados, lunáticos y paralíticos; y los sanó. Y le siguió mucha gente de Galilea, de Decápolis, de Jerusalén, de Judea y del otro lado del Jordán".
—Mateo 4:23-25

¿Qué representa el Reino de Dios? Aquí se nos dice que es sanar toda enfermedad y toda dolencia en el pueblo y echar fuera demonios. Cuando el Reino de Dios está sobre nuestras vidas, tiene poder sobre toda enfermedad y dolencia, sobre la miseria, sobre la pobreza, sobre la depresión, sobre la angustia, sobre la inseguridad, sobre la baja autoestima. Por eso, Mateo 6:33 dice: *Mas buscad primeramente el reino de Dios y su justicia, y todas estas cosas os serán añadidas.* El Reino de Dios es la palabra que sale de la boca de Dios, lo que está escrito en la Biblia. Cuando obedecemos lo que la Palabra dice, estamos bajo la autoridad de lo que Dios dice porque obedecemos lo que Dios dice y el Reino de Dios está sobre nosotros.

Eso significa que, por ejemplo, cuando viene un pensamiento a decirnos que nos estamos enfermando, tomar ese pensamiento y llevarlo cautivo a Cristo, que nos dice: *...Por mi herida fuiste sanado* (lea 1 Pedro 2:24). El 85 por ciento de las enfermedades son psicosomáticas. Se somatizan en nosotros. Entran como un dardo, pero tenemos que tomar ese dardo, capturarlo y llevarlo a la obediencia a Cristo, declarando la Palabra de Dios: "Yo soy sano por las heridas de Cristo. En la cruz, Él pagó por mis pecados y también me hizo sano".

La Palabra tiene poder. Nosotros deberíamos aprender a proclamar la Palabra antes de entrar a un conflicto. El Señor nos dio poder y autoridad para sanar los enfermos, en su nombre, como lo dice Marcos 16:17-18:

> "Y estas señales seguirán a los que creen: En mi nombre echarán fuera demonios; hablarán nuevas lenguas; tomarán en las manos serpientes, y si bebieren cosa mortífera, no les hará daño; sobre los enfermos pondrán sus manos, y sanarán".

5. TENER CIELOS ABIERTOS

Cuando Jesús salió de las aguas bautismales, los cielos se abrieron y se oyó la voz del Padre. Cuando tenemos comunión con Dios y somos obedientes a su Palabra, todo el cielo está de nuestra parte y nos apoya. Con los cielos abiertos, una paloma bajó y posó sobre Jesús, representando la unción recibida. Jesús tenía cielos abiertos por su obediencia. Siendo Dios, se bautizó y eso trajo placer al corazón del Padre. No tenía por qué bautizarse porque era Dios. Estaba enseñándonos el camino para abrir los cielos.

> "Entonces vi el cielo abierto; y he aquí un caballo blanco, y el que lo montaba se llamaba Fiel y Verdadero, y con justicia juzga y pelea".
> —APOCALIPSIS 19:11

Lo que dice Apocalipsis 19:11 también es clave en la guerra espiritual. Jesús venía con todos los hijos de Dios a pelear contra las fuerzas de las tinieblas en Armagedón. No venía con los ángeles, pues ellos no pelearán en esta batalla, sino los hijos de Dios. En el Antiguo Testamento, ellos peleaban. En el Nuevo, nosotros peleamos, porque ellos no tienen la autoridad delegada, sino nosotros. Los ángeles son creación de Dios, mas no tienen el privilegio del nivel espiritual de ser hijos de Dios. Están a nuestro servicio enviados por mandato del Padre.

6. Ser fieles y verdaderos

Ser fieles con Dios en todo. Ser verdaderos significa ser íntegros. Lo que somos en la iglesia, lo somos en la calle, en nuestra casa, en el trabajo. Se trata de ser la misma persona de una misma pieza en todo lugar.

7. Juzgar y pelear con justicia

De ahora en más, no juzguemos con nuestra propia justicia, sino conforme a la Palabra de Dios. Si oímos un chisme, no juzguemos, porque es un chisme y no tenemos toda la verdad y por tanto, no emitamos juicio y no seremos homicidas. Con la misma medida con que mides, se te juzgará a ti. Juzgar con justicia es juzgar conforme a la Palabra de Dios. El amor cubre multitud de pecados. No estemos en la tierra para juzgar, sino para amar. No hablemos mal de nadie y de lo que nos digan de otros, no emitamos juicio porque nos acarreará maldición. La justicia de Dios es su Palabra. Lo que Él dice es su justicia. Con el corazón se cree para justicia y con la boca se confiesa para salvación.

> "Porque con el corazón se cree para justicia, pero con la boca se confiesa para salvación".
> —Romanos 10:10

Lo que se cree y se confiesa es la Palabra de Dios. Jesús, con la Palabra, echaba fuera los demonios porque esa era su justicia.

En la cruz se consumó toda la obra de Dios profetizada en el Antiguo Testamento. Por sus heridas, ya fuimos sanados. ¿Cómo, entonces, peleamos con justicia? Con la Palabra de Dios. Ya fuimos sanados. Así viviremos en victoria y entraremos en un nivel espiritual diferente al que hemos vivido durante mucho tiempo.

8. No vanagloriarse

Si Jesús dijo que la obra que Él hizo, nosotros la haríamos y aún mayores, su Palabra se tiene que cumplir indefectiblemente. Él no es hombre para mentir. Él está buscando quién está dispuesto a pagar el precio y la clave de esto la encontramos en Filipenses 2:3. Si no hacemos lo que dice en este pasaje, estaremos en total desventaja delante de los demonios y principados, y se burlarán de nosotros.

> "Nada hagáis por contienda o por vanagloria; antes bien con humildad, estimando cada uno a los demás como superiores a él mismo".
> —Filipenses 2:3

Nada hagamos por vanagloria, diciendo: "tenemos muchas células, qué grande es nuestra iglesia o cuánta unción tenemos cuando ministramos en el altar". Yo escuché cosas así más de una vez: personas que se jactaban sobre la unción y la gloria que vino sobre ellos cuando ministraban en el altar, y eso es vanagloria, la gloria de hombres, que es vana. No hagamos nada para pelearnos con el hermano y decir que somos superiores.

Jesús, antes de ir a la cruz, se ciñó los lomos, tomó un recipiente y lavó los pies de sus discípulos. Los consideró superiores a Él mismo, aún sabiendo que Él era superior, e incluso les dijo que serían mejores que Él, que harían mayores obras que Él. Debemos entender este principio.

Cuando consideramos a los demás como superiores a nosotros mismos y les alentamos, se desata el poder y en ese momento, la unción. Junto con la gloria de Dios comienzan a fluir y la bendición empieza a crecer sin límites. Esto se debe practicar en el hogar. La esposa debe considerar al esposo como superior a ella, el esposo debe considerar a la esposa como superior a él mismo, los hijos a los padres y los padres a los hijos, alentándoles y manifestando que serán mejores que ellos. Así crece la bendición.

Es el principio del dinamismo del poder de Dios. ¿Por qué no puede crecer el poder de Dios? Porque viene hasta cierto nivel y luego se tranca en las personas. Empecemos a considerar a los demás como superiores a nosotros mismos. La mujer honre al marido, y el marido a la esposa; el patrón honre a sus empleados (El mundo enseña que si se honra a los empleados, no respetarán al jefe, que se pierde autoridad). Pero sí, ¡hagámoslo! No tengamos temor de hacer lo que nos enseña Filipenses 2:3. De esta manera estaremos desatando bendición y haciendo guerra a Satanás al más alto nivel.

9. Morir a sí mismo

"…no mirando cada uno por lo suyo propio, sino cada cual también por lo de los otros".

—Filipenses 2:4

Primero, pensemos en los demás. Es lo que hizo Jesús al despojarse de su gloria. No se aferró a ella y tomó forma de siervo; se hizo carne, se hizo hombre. Lo que nos enseña aquí es que debemos despojarnos y servir a los demás; buscar el bien de los demás. Este versículo es un principio de gobierno, y si no lo cumplimos, Dios no podrá depositar todo su poder y bendición sobre nuestras vidas. Y todos debemos aprender a cuidar de otros.

¿Qué ocurriría si cada uno de nosotros empezara a preocuparse por los demás? ¿A pensar solamente qué podemos hacer por los otros? Inmediatamente, en una semana, en Paraguay se terminaría la pobreza.

Jesús nos enseñó cómo establecer el Reino de Dios. Solo cuando suceda cambiará toda situación, y estos son los principios y enseñanzas para hacerlo. Al establecer el Reino, desatamos todo el poder de Dios aquí en la tierra.

> "Haya, pues, en vosotros este sentir que hubo también en Cristo Jesús, el cual, siendo en forma de Dios, no estimó el ser igual a Dios como cosa a qué aferrarse, sino que se despojó a sí mismo, tomando forma de siervo, hecho semejante a los hombres".
> —FILIPENSES 2:5–7

Uno de los problemas más grandes de las personas es que se aferran a sí mismos. El que no aborrece su vida la perderá. *El que ama su vida, la perderá; y el que aborrece su vida en este mundo, para vida eterna la guardará* (Juan 12.25). Este es un ejercicio para desatar todo el poder de Dios. Hasta que nosotros no desaparezcamos, Dios no puede aparecer. Juan entendió ese principio cuando dijo *"es necesario que Él—Jesús—crezca, pero que yo mengüe"* (Juan 3:30, nombre añadido).

Tenemos que aprender a aborrecer nuestra vida en esta vida, para que toda la vida de Dios, que es del siglo venidero, se manifieste hoy y podamos proyectarnos hacia el futuro, con toda la gloria de Dios. Estos son principios para establecer el gobierno de Dios. ¿Por qué tenemos que aborrecer nuestra vida en esta vida? Porque la vida, en esta vida, es la herencia de Adán y tiene toda la genética pecaminosa, donde están las enfermedades y las dolencias, y donde el diablo puede introducir todo lo que quiere en nosotros. Sin embargo, cuando aborrecemos nuestra vida, tomamos la cruz y establecemos el gobierno de Dios en nosotros, ahí podemos decir como Pablo: *Ya no vivo yo, más Cristo vive en mí* (Gálatas 2:20). Entonces, lo que yo diga, será hecho. Si le digo al diablo que se vaya, se tendrá que ir. Estoy bajo autoridad y por ello, tengo autoridad ¿Por qué a veces los demonios no se van cuando les reprendemos? Porque no estamos aún en la cruz. Pero cuando llegamos a la cruz, todo el gobierno, toda la autoridad de Dios empieza a fluir a través de nuestra vida. Dios no puede confiar en los vivos porque nuestra carne se rebela al espíritu. Dios confía en los que, como Jesús, mueren a sí mismos.

Cristo debe vivir en cada uno de nosotros. Pablo entendió esto y nos transmitió que si vivimos (nuestro ser natural más fuerte que Jesús), solo saldrá lo nuestro y no lo de Él. El cambio es: "nuestra vida por su vida". Nadie puede hacer una verdadera guerra espiritual si primero no pasa por estos principios. Cristo se despojó a sí mismo. La Biblia dice que nosotros tenemos que despojarnos del viejo hombre; tenemos que tirarlo tan lejos como podamos.

> "En cuanto a la pasada manera de vivir, despojaos del viejo hombre, que está viciado conforme a los deseos engañosos...".
>
> —Efesios 4:22

El viejo hombre implica las mentiras, las maledicencias, la ira, las contiendas. No podemos pedirle a Dios que Él mismo nos quite de todas estas actitudes. Él no puede desvestirnos. Nos dio libre albedrío y lo respeta.

Nosotros somos los que tenemos que despojarnos de las ropas viejas, de los trapos sucios y vestirnos con los atavíos de la realeza. La herencia de Adán es el trapo viejo, todo lo contaminado. ¡Vistámonos del ropaje de Cristo, de la santidad, de la unción y del poder! Ahí no habrá demonio, ni diablo que pueda levantarse contra nosotros; no podrán. El diablo podrá hacer una sola cosa: salir huyendo delante de nosotros.

Jesús se despojó a sí mismo para ser como nosotros. Por lo tanto, también nosotros tenemos que hacer lo mismo, para ser como Él. Si no hacemos esto, nunca podremos ser como Él. Debemos despojarnos del viejo hombre para ser como Él, sentarnos con Él en el trono y gobernar desde ahí y dar órdenes a todos los principados y potestades en el nombre de Jesús.

"…y estando en la condición de hombre, se humilló
a sí mismo, haciéndose obediente hasta la muerte,
y muerte de cruz".
—Filipenses 2:8

Para Jesús, no fue fácil hacerse obediente. Dice el versículo que Él se hizo obediente. Nosotros tenemos que hacernos obedientes como Él lo hizo. Cuando Jesús tenía 12 años sus padres terrenales lo dejaron sin querer en el Templo. José y María, después de tres días de camino, se dieron cuenta de que Jesús no estaba con ellos. Dejaron a Jesús, como mucha gente lo hace. ¿Cómo? Lentamente, un paso a la vez, sin darse cuenta. Luego, Jesús ya no estaba. Esto ocurre en la vida de muchas personas. Si Jesús no está, estamos perdidos, porque cada uno de nosotros somos la imagen de la gloria de Él. Por esto, si estamos en la correcta posición, no hay demonio que pueda levantarse en contra nuestra. Cuando José y María volvieron y encontraron a Jesús, este les dijo que estaba en los negocios de su Padre. Sin embargo, Él no se quedó allí en el Templo a efectuar ese oficio, sino que se hizo obediente y volvió con ellos hasta el inicio de su ministerio. No estuvo "en el Tíbet, buscando el poder de los tibetanos", como muchos creen o como hicieron otros líderes espirituales, porque ese es un poder del diablo y de la Nueva Era.

Jesús se hizo obediente hasta la muerte. La muerte a nosotros mismos es la que nos va a llevar definitivamente al final de Adán y al principio de Cristo resucitado en nuestra vida. Ya no viviremos nosotros, sino Cristo en nosotros.

"Por lo cual Dios también le exaltó hasta lo sumo, y le dio un nombre que es sobre todo nombre, para que en el nombre de Jesús se doble toda rodilla de los que están en los cielos, y en la tierra, y debajo de la tierra; y toda lengua confiese que Jesucristo es el Señor, para gloria de Dios Padre".

—Filipenses 2:9-11

Cuando la Biblia nos dice "por lo cual", es porque fue necesario que Cristo haya pasado por todo el proceso anterior, y ahí seguido *Dios también le exaltó hasta lo sumo y le dio un nombre que es sobre todo nombre.* También nosotros cuando pasamos por todo este proceso, nos sentamos juntamente con Cristo en su trono y Dios nos exalta hasta lo sumo, juntamente con Cristo. Él no pasó todo ese proceso por Él, sino por nosotros, para aprender que al hacerlo nos sentaremos juntamente con Él en los lugares celestiales y toda rodilla que está en los cielos, en la tierra y debajo de la tierra, se postrará ante nuestra autoridad (Efesios 2:6, parafraseado). Todo aquel que quiere que el poder de Dios se manifieste en su vida con plenitud, tiene que pasar por este proceso y seguir estos principios.

10. Estar completos en Cristo

Vayamos ahora a Colosenses 2:8-15.

"Mirad que nadie os engañe por medio de filosofías y huecas sutilezas, según las tradiciones de los hombres, conforme a los rudimentos del mundo, y no según Cristo".

¿Cuáles son los principios que están en boga en este siglo XXI? Filosofías y sutilezas, el sistema religioso del mundo. ¡Se lee filosofía y no la Palabra de Dios! Y la Palabra de Dios no es filosofía, es la Palabra de Dios, es el poder de Dios, es Espíritu y es Vida.

> "El espíritu es el que da vida; la carne para nada aprovecha; las palabras que yo os he hablado son espíritu y son vida".
>
> —Juan 6:63

La filosofía es hueca sutileza y la Biblia dice que no te dejes engañar por ella. Me comentaba una persona que estaba leyendo algo de filosofía y que le parecía muy interesante. ¡Y claro! Es una ciencia que apela al alma y no al espíritu. La filosofía no puede despertar al hombre espiritual. Eso solamente lo puede hacer la Palabra de Dios.

> "Porque en él habita corporalmente toda la plenitud de la Deidad y vosotros estáis completos en él, que es la cabeza de todo principado y potestad".
>
> —Colosenses 2:9-10

Si Cristo está en nuestro corazón morando dentro de nosotros, si tenemos la genética divina, tenemos la plenitud de la deidad habitando en nosotros. Pero si no aprendimos a negarnos a nosotros mismos, no podremos obtener estos beneficios. Nosotros ya estamos completos en Cristo. El que aún no está completo, es el que sigue buscando. El que está completo ya no sigue buscando. Desarrolla lo que ya tiene.

"En él también fuisteis circuncidados con circuncisión no hecha a mano, al echar de vosotros el cuerpo pecaminoso carnal, en la circuncisión de Cristo".

—COLOSENSES 2:11

Por otra parte, es importante señalar que hoy en día algunas personas pretenden judaizar el cristianismo. No tenemos por qué ser judíos, sino parte del pueblo de Dios. No tenemos que tener la circuncisión judía, sino la circuncisión de Cristo. Esa es la que nos hace completos y saca lo pecaminoso que hay en nosotros.

"...sepultados con él en el bautismo, en el cual fuisteis también resucitados con él, mediante la fe en el poder de Dios que le levantó de los muertos. Y a vosotros, estando muertos en pecados y en la incircuncisión de vuestra carne, os dio vida juntamente con él, perdonándoos todos los pecados, anulando el acta de los decretos que había contra nosotros, que nos era contraria, quitándola de en medio y clavándola en la cruz, y despojando a los principados y a las potestades, los exhibió públicamente, triunfando sobre ellos en la cruz".

—COLOSENSES 2:12-15

Si somos sepultados con Cristo, también seremos resucitados con Él. A los principados y a las potestades se los vence en la cruz, donde ya no vivo yo, sino Cristo vive en mí. Estando en la cruz, el gobierno de Dios puede fluir y seremos exaltados hasta lo sumo y toda rodilla se doblará. Los principados y potestades de demonios que se quieran levantar contra nosotros estarán bajo nuestros pies. Pero debemos aseguramos de estar en Cristo porque si no estamos en Él, no hay poder y seremos como un cable a través del cual no puede pasar el poder. Sin santidad, nadie verá a Dios. Cuando vemos a Dios, su gloria se manifiesta en toda la tierra a través de nuestras vidas.

Conversión de Job

Prestemos atención a las expresiones de Job, emitidas después de haber experimentado tan tremenda desgracia *De oídas te había oído; mas ahora mis ojos te ven. Por tanto me aborrezco, y me arrepiento en polvo y ceniza* (Job 42:5-6). Al principio, la relación de Job con Dios era de oídas. No le conocía realmente, no tenía intimidad con Él y Dios quiere tener intimidad con cada uno de nosotros.

Job poseía la autojusticia, es decir, se justificaba así mismo en todo. Decía: "Yo no hice nada malo, siempre fui bueno, ayudé a los pobres. ¿por qué me suceden estos problemas?". Además, venían sus amigos y le decían: "Seguramente hiciste esto o aquello, por eso te sobrevinieron tantas desgracias". Por otro lado, la esposa le afrentaba diciéndole: *Maldice a Dios y muérete (Job 2:9).* Todos juntos armaban un lío tremendo en la vida de Job.

¿En qué consistía el verdadero trasfondo de su problema? Su relación con Dios era solo de oídas. Cuando nos hablan de una persona sin conocerla, no conseguimos relacionarnos con ella, ni expresarle nuestros sentimientos. Sin embargo, cuando la conocemos personalmente, nos comunicamos y podemos entablar una afectuosa amistad. Con Dios sucede lo mismo.

Cuando tenemos un encuentro personal con Cristo, decimos: "Yo conocí a Cristo, ya no de oídas. Ahora puedo relacionarme con Él". Recibimos la revelación y el conocimiento de su Palabra. Tenemos una íntima amistad con Dios y esa intimidad infunde en nosotros la fuerza y la confianza de que podemos vencer a todos los poderes de las tinieblas y proclamar con la autoridad otorgada por Cristo: "Diablo, te echo fuera, y te ordeno que sueltes a mi familia, mi economía, mi hogar, mi barrio, mi país, en el nombre de Jesús".

UNA REVELACIÓN DE CRISTO EN ISAÍAS 11: LA VARA DE SU BOCA

Como vimos en Apocalipsis 19, el Señor regirá a las naciones con la espada que sale de su boca. En Isaías 11: 1 leemos: *Saldrá una vara del tronco de Isaí, y un vástago retoñará de sus raíces.*

La vara que sale del tronco de Isaí, proféticamente es Jesús. Él es la Palabra de Dios hecha carne. Por tanto, la vara que sale es la Palabra de Dios.

> "Y reposará sobre él el Espíritu de Jehová; espíritu de sabiduría y de inteligencia, espíritu de consejo y de poder, espíritu de conocimiento y de temor de Jehová".
>
> —ISAÍAS 11:2

El Espíritu de Jehová que estaba sobre Cristo y hoy está sobre nosotros es:

1. Espíritu de Jehová

2. Espíritu de sabiduría

3. Espíritu de inteligencia

4. Espíritu de consejo

5. Espíritu de poder

6. Espíritu de conocimiento

7. Espíritu de temor de Jehová

¡Esta es la revelación de Cristo! Si estamos en Cristo, dijo el Señor en Juan 14:23, el Padre y Él vienen a hacer morada en cada uno de nosotros, y si el Dios todopoderoso, Creador del Universo, está en nosotros, su Espíritu también lo está. Por consiguiente, tenemos todo eso: sabiduría, inteligencia, consejo, poder, conocimiento, temor de Jehová. ¡Este es el poder de Dios que cambiará las vidas y las naciones! ¡Y está en nosotros!

Dios nos dio un cerebro natural de cien por ciento y dicen los estudiosos que solo se usa hasta el seis o siete por ciento. Pero con Cristo, hay ¡inteligencia sin límites! ¡poder sin límites! ¡conocimiento sin límites! Esto es superior y no depende del *software* del mundo natural, sino del Espíritu que está en nosotros cuando conocemos la Palabra y activamos el mundo espiritual. Ahí se moviliza la inteligencia y el conocimiento sin límites. Esto se consigue, diciendo como Pablo: *¡Ya no vivo yo, mas Cristo vive en mí!* (Gálatas 2:20). ¡Aleluya! En ese nivel, ya no nos jactamos, ya no tenemos soberbia. Por eso, más que del diablo, tenemos que cuidarnos de nosotros mismos.

"Y le hará entender diligente en el temor de Jehová. No juzgará según la vista de sus ojos, ni argüirá por lo que oigan sus oídos; sino que juzgará con justicia a los pobres, y argüirá con equidad por los mansos de la tierra; y herirá la tierra con la vara de su boca, y con el espíritu de sus labios matará al impío".

—Isaías 11:3-4

Ya no juzgamos según lo que vemos. Si vemos un problema, no debemos juzgar por lo que vemos, sino según la Palabra de Dios. Si viene una enfermedad a atacarnos, no juzguemos por lo que veamos, sino conforme a la Palabra de Dios que dice: *Por sus heridas ya fuimos sanados* (lea Isaías 53:5, 1 Pedro 2:24). ¡Juzguemos según la Palabra y no según los sentidos! Los sentidos nos dicen: "No van a salir bien las cosas", "Te va a ir mal". Muchos medios de comunicación hablan mal del Paraguay, pero nosotros decimos: "¡El Paraguay se va a levantar, será país bendecido y será el mejor país de Latinoamérica!".

Date: 11/8/2021 4:22pm
Member: SANCHEZ

Title	Author	Due
La guerra esta ganada	Abreu, Emilio	11/29

Total items currently out: 1.

New! Today, you saved $11.99.
In 2021, you have saved $40.

Library Hours:

Monday: 9:00 - 7:00
Tuesday: 9:00 - 7:00
Wednesday: 9:00 - 7:00
Thursday: 9:00 - 7:00
Friday: 9:00 - 7:00
Saturday: 9:00 - 5:00
Sunday: Closed

Upcoming library holidays / closed days:

Thursday, November 25th
Friday, November 26th

Capítulo 5
DOCE MANDAMIENTOS PARA LA GUERRA ESPIRITUAL

"Por lo demás, hermanos míos, fortaleceos en el Señor, y en el poder de su fuerza. Vestíos de toda la armadura de Dios, para que podáis estar firmes contra las asechanzas del diablo. Porque no tenemos lucha contra sangre ni carne, sino contra principados, contra potestades, contra los gobernadores de las tinieblas de este siglo, contra huestes espirituales de maldad en las regiones celestes. Por tanto, tomad en el día malo, y habiendo acabado todo, estar firmes. Estad, pues, firmes, ceñidos vuestros lomos con la verdad, y vestidos con la coraza de justicia, y calzados los pies con el apresto del evangelio de la paz. Sobre todo, tomad el escudo de la fe, con que podáis apagar todos los dardos de fuego del maligno. Y tomad el yelmo de la salvación, y la espada del Espíritu, que es la palabra de Dios".
—Efesios 6:10-17

E N ESTA PORCIÓN de la Palabra, el Señor nos enseña sobre los doce mandamientos que debemos obedecer y practicar para batallar espiritualmente contra nuestro adversario: el diablo. Analicemos con atención cada una de estas disposiciones.

Primer mandamiento

"Por lo demás hermanos míos fortaleceos en el Señor y en el poder de su fuerza".

—Efesios 6:10

En el plano natural, ¿cómo se recibe la fuerza y la energía diarias? Mediante la comida, por el alimento que viene de la tierra y un buen descanso. ¿Y cómo nos alimentamos de manera espiritual? Gracias al poder de su fuerza mediante la oración, la lectura de la Palabra y orando en lenguas.

En 1 Corintios 14:2 dice: *Porque el que habla en lenguas no habla a los hombres, sino a Dios; pues nadie le entiende, aunque por el Espíritu habla misterios.* Vemos que al que habla en lenguas, nadie le entiende, pero por el Espíritu habla misterios. En el versículo 4 del mismo capítulo, la Palabra declara que el que habla en lengua extraña, a sí mismo se edifica. Eso es, se fortalece en la potencia del Señor. Habla misterios, aspectos que la mente natural no puede percibir.

Como hijos de Dios, debemos anhelar los dones espirituales que Él nos concede; no podemos rechazarlos o desestimarlos. Por ejemplo, cuando recibimos el don de lenguas, que es el más pequeño, con el tiempo nos acostumbramos y no le damos la debida preeminencia. Sin embargo, debemos discernir que este don es el que enciende a todos los demás.

De acuerdo a 1 Corintios 12, existen nueve dones espirituales y a propósito de este punto, cabe mencionar la similitud con un candelabro israelita: el *menorah,* que tiene nueve velas y se usa de forma especial en una fiesta tradicional judía llamada *Chanukah,* también conocida como Festival de las Luces, que se festeja a finales de noviembre o diciembre. Se pronuncian bendiciones mientras se encienden las velas del *menorah.* Con la primera de ellas, se encienden a las demás. Mientras las velas arden, los celebrantes cantan y alaban al Señor. El don de lenguas es esa vela primera del candelario que sirve para prender a las demás.

Hablar en lenguas requiere de nuestra fe y de la humillación delante de Dios. La razón y la inteligencia, y a veces la soberbia y el orgullo pretenden entender a Dios y los dones del Espíritu, pero eso es imposible. Personalmente, hablo en lenguas todo el tiempo, en mi cuarto, mientras dirijo, cuando camino, porque el que hable en lenguas, se edifica a sí mismo y habla misterios. ¿Qué misterios? La revelación de Dios para mi vida, que yo ignoro; la buena, agradable y perfecta voluntad de Dios.

La oración en lenguas es una oración perfecta que el maligno no puede entender. Es un privilegio que se nos concede para hablar a Dios, y si Él desea dar a otro la interpretación de lo dicho en lenguas, la oración se convierte en una profecía para beneficio de la iglesia.

Tenemos que aprender a fortalecernos en el poder de

su fuerza. No ganamos esta guerra con fuerzas naturales. No se pelea en lucha con golpes físicos, pues si actuamos de esa manera, ¡el demonio nos va a hacer pedazos! Conozco personas que eran levantadoras de pesas, ganadores de fisiculturismo en Paraguay e intentaban enfrentarse a los demonios con sus propias fuerzas, pero eran tiradas contra la pared. A otras, esos mismos espíritus demoníacos los levantaban de la cama, o les hacían flotar en los aires.

He presenciado estas escenas porque he echado fuera muchos demonios de hombres y mujeres que anhelaban ser libres. En varias oportunidades, otras personas guiadas por estos espíritus malignos pretendieron terminar con mi vida, pero el Espíritu de Dios que tiene un poder mayor, me salvó de todas esas circunstancias.

Es necesario usar la potencia de Él, vivir no con el poder natural, sino con el espiritual. Tenemos que fortalecernos en la comunión con Dios todos los días. No podemos salir de la casa, en la mañana sin antes haber tocado el cielo. Si no tocamos el cielo, nunca vamos a poder tocar la tierra y no tendremos poder.

Segundo mandamiento

"Vestíos de toda la armadura de Dios, para que podáis estar firmes contra las asechanzas del diablo".
—Efesios 6:11

Cuando nos vestimos de Cristo, tenemos toda la armadura de Dios. Al que está en Cristo, el maligno no le toca. Vestido de Cristo, todo el discernimiento se manifiesta y la asechanza del diablo no nos daña. Asechanza viene del griego *metodea* y son los métodos que Satanás usa para hacernos caer y destruirnos.

Satanás conoce nuestras debilidades. Si jugar al bingo o a la lotería fue una de ellas, después de habernos liberado, el diablo va a volver después de algún tiempo y en un momento de flaqueza espiritual o desaliento, él intentará una asechanza para hacernos caer en la trampa. Otro caso es el de personas adictas a la pornografía. Aunque ya libres y asistiendo a la iglesia y a los grupos de oración, luego de una circunstancia adversa, abren de nuevo la puerta a esta inmoralidad. El diablo viene y destruye de vuelta su sexualidad. Porque la pornografía es altamente destructiva en el aspecto sexual. Por eso es mejor caminar en el orden establecido por Dios, que maneja el cuerpo de forma perfecta.

Tercer mandamiento

"Porque no tenemos lucha contra carne ni sangre, sino contra principados, contra potestades, contra los gobernadores de las tinieblas de este siglo, contra huestes espirituales de maldad en las regiones celestes".

—Efesios 6:12

En este contexto es importante conocer las cuatro posiciones existentes en el ejército satánico, las cuales son:

1. Principados: del griego *achas*. Jefe del rango más alto.

2. Potestades: del griego *exusía*. Autoridad delegada, Satanás comisiona a las potestades para efectuar las tareas en una nación.

3. Gobernadores de las tinieblas de este siglo: del griego *"kosmokratoras tou skotous toutos"*. Operan en regiones e influencian poderosamente con el mal en esa zona. Por ejemplo, en diversas ciudades del mundo existen las "zonas rojas" o "zonas amarillas", sitios donde proliferan los prostíbulos, el narcotráfico o casas de juego. Estos demonios operan por zonas y el deber de la iglesia es limpiar esos territorios.

4. Huestes espirituales de maldad: del griego *"neumática tës ponërias"*. Son los que reciben las órdenes y hacen el trabajo sucio. Son los espíritus que susurran a la mente de las personas y vomitan depresión, los que quieren destruir matrimonios, familias, jóvenes, etc.

¿Qué tenemos que hacer? Atacar a la cabeza, destruir al principado, a las potestades, luego a los gobernadores y, por último, a las huestes de maldad.

El ejército satánico está organizado en estas cuatro posiciones y operan tremendamente. También nosotros debemos ir escalando posiciones y a medida que lo vamos haciendo, ejercemos el reinado y establecemos el dominio de Dios, el Reino de Dios. Nunca olvidemos que somos reyes y sacerdotes para la conquista de nuestro país para

Cristo. Su ejército tiene que avanzar en el Espíritu. Es una guerra contra el mismo infierno.

CUARTO MANDAMIENTO

> "Por tanto, tomad toda la armadura de Dios, para que podáis resistir en el día malo y habiendo acabado todo, estar firmes".
>
> —EFESIOS 6:13

Tenemos que estar firmes para la batalla. Cuando vienen las fuerzas de maldad contra nuestras vidas, debemos sujetarlas bajo nuestros pies, en el nombre de Jesús. De esta forma el diablo no podrá ya destruir nuestra familia, la salud, la economía, la iglesia ni el país.

El reporte de muchos cristianos, a veces es: "Estoy en la lucha, que es dura y mucha". Y siempre están en la lucha. La Biblia dice que somos más que vencedores en Cristo Jesús y esa victoria la conseguiremos solo cuando nos situamos en la posición de autoridad otorgada por Dios.

QUINTO MANDAMIENTO

> "Estad, pues, firmes, ceñidos vuestros lomos con la verdad…".
>
> —EFESIOS 6:14

La verdad es la Palabra de Dios y ella es categórica. No se puede cuestionar ni acomodar a nuestros propios intereses, caprichos o ambiciones.

Sexto mandamiento

"y vestidos con la coraza de justicia".

—Efesios 6:14

La justicia de Dios se revela solo a través de la Palabra de Dios.

Séptimo mandamiento

"y calzados los pies con el apresto del evangelio de la paz".

—Efesios 6:15

El evangelio de la paz es la Palabra de Dios y ella debe estar presente en nuestro caminar diario.

Octavo mandamiento

"Sobre todo, tomad el escudo de la fe, con que podáis apagar todos los dardos de fuego del maligno".

—Efesios 6:16

El escudo de la fe es la Palabra de Dios porque... *la fe es por el oír, y el oír, por la palabra de Dios* (Romanos 10:17).

Noveno mandamiento

"Y tomad el yelmo de la salvación...".

—Efesios 6:17

El yelmo de la salvación también es la Palabra de Dios porque... *el mundo no conoció a Dios mediante la sabiduría, agradó a Dios salvar a los creyentes por la locura de la predicación* (1 Corintios 1:21).

Décimo mandamiento

"Y tomad…la espada del Espíritu, que es la palabra
de Dios".

—Efesios 6:17

La espada del Espíritu, la Palabra, es para avanzar, para activar hacia adelante. ¿Cómo peleó Cristo contra el maligno? Con la Palabra de Dios. Debemos conocer la Palabra y escudriñarla diariamente. El Señor nos advierte que su *pueblo perece por falta de conocimiento* (Oseas 4:6).

¿Qué pasa cuando falta el conocimiento de la Palabra? Viene el maligno y abusa de un hijo de Dios porque él no conoce sus derechos. El cristiano debe luchar contra sí mismo, contra su carne y contra las fuerzas de las tinieblas y, para eso, debe conocer la Palabra; capacitarse en el estudio de la Palabra.

Undécimo y duodécimo mandamiento

"Orando en todo tiempo con toda oración y súplica
en el Espíritu, y velando en ello con toda perseverancia y súplica por todos los santos".

—Efesios 6:18

Orar en todo tiempo y velar. Esto nos habla de una actitud de oración todo el tiempo, de permanecer en una conexión directa con Dios en todo momento. Debemos mantener una actitud vigilante. Orar en todo tiempo y velar. Se trata de tener la conciencia de Dios en todo tiempo.

Cuando la Palabra nos dice *"con toda oración"*, es porque existen distintos tipos de oración. En la guerra espiritual, no se puede orar de manera sumisa. La oración debe ser agresiva, *...porque no tenemos lucha contra sangre y carne, sino contra principados, contra potestades, contra los gobernadores de las tinieblas de este siglo, contra huestes espirituales de maldad en las regiones celestes.*

Debemos resistir al diablo, reprenderle como bien nos encomienda la Palabra en Santiago 4:7, con expresiones parecidas a estas: *Diablo, te echo fuera. Enfermedad, te echo fuera. Miseria, te echo fuera, en el nombre de Jesús.* Practicar la autoridad *de* Cristo es también un mandamiento que todo cristiano debe cumplir.

¿Por qué fueron dejados en Canaán los enemigos de Israel? Para que los israelitas aprendan a guerrear. Ahora entendemos el propósito de Satanás. Usted aprende a hacer la guerra, él es la víctima y no usted. Usted tiene el poder y la autoridad en el nombre de Jesús. Eche al diablo fuera de su vida, familia, finanzas, iglesia, país, en el nombre de Jesús. Es más que vencedor. Todo lo puede en Cristo que lo fortalece.

Capítulo 6
PRINCIPIOS CLAVES
EN LA GUERRA ESPIRITUAL

E N EL CAPÍTULO 16 de la carta a los Romanos descubriremos una serie de principios que, si los aplicamos a nosotros, viviremos una vida totalmente diferente: un nuevo estilo de vida. Dice el versículo 20:

Y el Dios de paz aplastará en breve a Satanás bajo vuestros pies. La gracia de nuestro Señor Jesucristo sea con vosotros. Resulta curioso que en este versículo no dice que el "Dios de guerra aplastará a Satanás", sino que *el Dios de paz.* ¿Cómo que *el Dios de paz*? Esto es guerra total. La luz ataca las tinieblas. El amor ataca el rencor. El dar ataca la miseria. La paz ataca la guerra.

Cuando concluye de esta manera la primera sección de este capítulo 16, antes de la doxología final, podemos darnos cuenta de que la iglesia a la cual Pablo le estaba escribiendo, había pasado previamente por un proceso para que él pueda hacer afirmación semejante. Ahora pues, conoceremos a personas de las cuales quizás nunca hayamos escuchado, pero hicieron las cosas que tú y yo debemos aprender y hacer para llegar a este nivel, donde el Dios todopoderoso—el Dios de paz—aplastará a Satanás bajo nuestros pies. Veremos todo lo que esta gente hizo para que Dios pueda hacer lo que Él dijo que haría en breve, en la vida de cada uno de nosotros.

"Os recomiendo además nuestra hermana Febe, la cual es diaconisa de la iglesia en Cencrea; que la recibáis en el Señor, como es digno de los santos, y que la ayudéis en cualquier cosa en que necesite

de vosotros; porque ella ha ayudado a muchos, y a
mí mismo".

—ROMANOS 16:1-2

¿Alguna vez oyó hablar de Febe? Pablo la recomienda
y eso nos dice que él tenía una confianza total en ella. La
Biblia nos dice que Febe *ha ayudado a muchos*. La Iglesia
que "ayuda" es la que va a conseguir lo que dice Romanos
16:20: *Y el Dios de paz aplastará en breve a Satanás bajo
vuestros pies,* porque bajo los pies del Señor, Satanás ya
está, pero muchas veces bajo nuestros pies todavía no.

¿Cuántos son ayudadores? La Palabra nos revela que
el Espíritu Santo es nuestro ayudador, y si Dios mismo
es quien nos "ayuda" ¡cuánto más nosotros debemos
ayudarnos unos a otros! Maridos, ayuden a sus es-
posas…Esposas, ayuden a sus maridos…Hijos, ayuden
a sus padres…Padres, ayuden a sus hijos…En la iglesia,
ayudémonos los unos a los otros. Cuando tengamos una
oportunidad para ayudar a alguien, debemos ayudar.

Hace muchos años atrás, cuando en la iglesia teníamos
que recoger todas las sillas al final del culto, siempre ob-
servaba que el 85% aproximadamente de las personas se
iba y solo el 15% se quedaba para ayudar. También ocurre
en las casas. Luego de la comida, la mayoría se va a des-
cansar y solo unos pocos se quedan para ayudar. El cien
por ciento de los cristianos debemos ser ayudadores.

1. **Ayudar**

"Saludad a Priscila y a Aquila, mis colaboradores
en Cristo Jesús, que expusieron su vida por mí;

a los cuales no sólo yo doy gracias, sino también
todas las iglesias de los gentiles".
—Romanos 16: 3-4

Priscila y Aquila eran colaboradores de Pablo. Hay
una gran diferencia entre ayudar y colaborar. Se ayuda
al que tiene necesidad, pero se colabora cuando traba-
jamos en equipo. Todos trabajan para meter gol en el
mismo arco, sin "patear la pelota en contra". Como en
el fútbol, si hay alguien cerca del arco, colaboramos pa-
sándole la pelota para que meta el gol sin importarnos a
quien se aplauda... porque en breve, Satanás estará bajo
nuestros pies.

Pablo, en estos versículos, nos enseña a ser agradecidos y reconocer la labor de nuestro entorno. En
nuestra iglesia, quizá, hay mucha gente a la que nadie
conoce, pero son las "Febe", las "Priscila" o los "Aquila",
gente que está sirviendo, pasando las canastas los do-
mingos, etc., que dejan su día libre y vienen a servir. El
hecho de que los músicos estén tocando las alabanzas en
los cultos tampoco es una casualidad; poca gente sabe
que ellos vienen durante la semana a ensayar y a dar de
su tiempo.

Por otra parte, también varias personas donan de su
tiempo para la buena administración de la iglesia y nadie
sabe de ello. Un líder de célula, tal vez, no siempre es
reconocido, pero está ayudando, colaborando y expo-
niendo su vida por sus discípulos. A todas esas personas,
gracias. En muy breve tiempo, el Dios de paz pondrá a
Satanás bajo sus pies. Esto es guerra espiritual. Con esto,

nosotros cambiamos, transformamos familias, ciudades y naciones enteras.

2. **Colaborar**

"Saludad también a la iglesia de su casa. Saludad a Epeneto, amado mío, que es el primer fruto de Acaya para Cristo".

—ROMANOS 16:5

Epeneto tenía una célula en su casa; eso lo vemos cuando dice "la iglesia de su casa". Eso implica abrir nuestra casa para que allí se predique la Palabra de Dios. El abrir una célula en nuestra casa significa que en breve Satanás estará bajo nuestros pies, porque cuando la presencia de Dios llega a la casa de alguien empieza a haber bendición. Es lo que sucedió cuando el arca de la presencia de Jehová fue llevada a la casa de Obed-edom.

"Y estuvo el arca de Jehová en casa de Obed-edom geteo tres meses; y bendijo Jehová a Obed-edom y a toda su casa".

—2 SAMUEL 6:11

Saúl no se preocupó por traer el arca de la presencia de Dios, pero David sí lo hizo. Y dice la Palabra en 2 Samuel 6:12, que lo hizo con alegría, trajo el arca de la presencia de Dios hasta su hogar en Jerusalén.

3. **Traer la presencia de Dios, haciendo de nuestra casa una iglesia**

"Saludad a María, la cual ha trabajado mucho entre vosotros".

—ROMANOS 16:6

Hay personas en la iglesia que han trabajado mucho, han venido a contar cosas, sellar volantes, trabajar, etc. porque como dijo Jesús: *Mi Padre hasta ahora trabaja, y yo trabajo* (Juan 5:17).

"Saludad a Andrónico y a Junias, mis parientes y mis compañeros de prisiones, los cuales son muy estimados entre los apóstoles, y que también fueron antes de mí en Cristo".

—ROMANOS 16:7

Andrónico y Junias, parientes carnales de Pablo, supieron acompañar a Pablo en toda situación, incluso en las prisiones. Personas así pueden cambiar una nación entera.

"Saludad a Amplias, amado mío en el Señor. Saludad a Urbano, nuestro colaborador en Cristo Jesús, y a Estaquis, amado mío".

—ROMANOS 16:8-9

Urbano también era un colaborador. En nuestra iglesia, hay mucha gente que está colaborando para que en cada servicio tengamos todo lo necesario y vengamos a alabar a Dios. Siendo así, el Dios de paz aplastará en breve a Satanás bajo nuestros pies.

En su vida o en su casa quizás Satanás todavía no está bajo sus pies porque no aprendió a ayudar o a colaborar cuando hay que hacerlo, tal vez porque no se sintió estimado a los ojos de otra persona. Quizá no aprendió a ser compañero en los momentos difíciles de su cónyuge, hijos, parientes. Ser amado por alguien habla de una relación santa, no basada en intereses personales, sino en amor fraternal.

> "Saludad a Apeles, aprobado en Cristo. Saludad a los de la casa de Aristóbulo".
>
> —ROMANOS 16:10

4. **Ser un obrero aprobado.** Estar aprobados significa que cuando pasamos una dificultad, por más difícil que sea esta, somos aprobados. Cuando estamos en pruebas, dice la Biblia que tenemos que sentir sumo gozo. ¿Por qué Apeles salió aprobado en las pruebas? Porque probablemente, alguien lo habría ayudado; alguien lo estimó aun en sus momentos difíciles.

Saludad a Trifena y a Trifosa, las cuales trabajan en el Señor. Saludad a la amada Pérsida, la cual ha trabajado mucho en el Señor (Romanos 16:12). Trifena, Trifosa, Pérsida eran también personas que habían trabajado mucho en el Señor.

Saludad a Rufo, escogido en el Señor, y a su madre y mía (Romanos 16:13). ¡Observemos el nivel de intimidad entre Pablo y Rufo! Éste había transferido su madre a Pablo, de manera tal que él la consideraba también como suya.

Esta lista la concluimos en el versículo 23:

> "Os saluda Gayo, hospedador mío y de toda la iglesia. Os saluda Erasto, tesorero de la ciudad, y el hermano Cuarto".

5. **Ser buenos hospedadores.** Aprendamos a ser hospedadores, a amar a la gente, a recibir bien a las personas que vienen a nuestras casas, servirles, ser amables. Ellos tienen que ver a Cristo en nuestra vida.

Estas personas que nos presenta el capítulo 16 de Romanos, fueron verdaderamente héroes y conquistadores. Pablo nos dice en el versículo 19: *Porque vuestra obediencia ha venido a ser notoria a todos, así que me gozo de vosotros...* Evidentemente, esta gente tenía un estilo de vida diferente y por eso Pablo decía que el Dios de paz aplastaría en breve a Satanás bajo sus pies.

Podemos reprender al diablo todo el tiempo, pero si no activamos estos principios en nuestras vidas, no tendremos al diablo nunca bajo nuestros pies.

> "Pero quiero que seáis sabios para el bien, e ingenuos para el mal".
> —ROMANOS 16:19

Por eso, cuando nos encontremos en reuniones o conversaciones en las cuales se empiezan a burlar o reírse de otras personas que no están presentes, debemos ser sabios y activar el bien a favor de ellas. Y luego de esto, es que Pablo dice en el versículo 20: *Y el Dios de paz aplastará en breve a Satanás bajo vuestros pies. La gracia de nuestro Señor Jesucristo sea con vosotros.*

La gracia es uno de los poderes más grandes que debemos poseer y eso lo podemos observar en el capítulo 2 de Hebreos. Cuando la gracia está sobre nosotros, estamos establecidos en el gobierno de Dios y debemos aprender a vivir en ese nivel.

"Por tanto, es necesario que con más diligencia atendamos a las cosas que hemos oído, no sea que nos deslicemos…¿cómo escaparemos nosotros, si descuidamos una salvación tan grande? La cual, habiendo sido anunciada primeramente por el Señor, nos fue confirmada por los que oyeron, testificando Dios juntamente con ellos, con señales y prodigios y diversos milagros y repartimientos del Espíritu Santo según su voluntad… ¿Qué es el hombre, para que te acuerdes de él, o el hijo del hombre, para que le visites? Le hiciste un poco menor que los ángeles, le coronaste de gloria y de honra, y le pusiste sobre las obras de tus manos; Todo lo sujetaste bajo sus pies" (v. 1–4, 6–8).

6. Acciones de gracias y alabanzas

En Nehemías 11:17 dice:

> "…Y Matanías hijo de Micaía, hijo de Zabdi, hijo
> de Asaf, el principal, el que empezaba las alabanzas
> y acción de gracias al tiempo de la oración…".

Al levantarnos a la mañana, debemos comenzar desatando la bendición sobre nuestras vidas con alabanzas y acciones de gracias al Rey. Cuando me despierto, mi mente inmediatamente se dispone a alabar a Dios. No pierdo el tiempo. Mi mente ya se transporta a la conciencia de la presencia de Dios y empiezo a alabarle, a darle gracias, y así permanezco todo el día, todo el tiempo. No ceso de dar gracias a Dios ¡y aún cuando voy al baño!

En ese momento, doy gracias a Dios. Hay gente que ni siquiera puede digerir una buena comida y sin embargo, si nosotros podemos, por eso debemos agradecer a Dios.

La práctica continua de dar gracias a Dios, aún por las pequeñas cosas, las más básicas, nos ayuda a valorar todo lo que Él nos da. Al ser sinceramente agradecidos todo el tiempo nos enfocamos en lo bueno y no estamos concentrados en lo que no tenemos. Adán y Eva tenían todo el Edén, solamente se les había negado el comer los frutos de un único árbol, pero se enfocaron en él y no en todo lo que Dios les había conferido. Así hoy en día, seguimos cayendo en ese mismo engaño.

Necesitamos ser agradecidos. ¡Dar gracias todo el tiempo! Gracias por nuestro cónyuge, por los hijos, por lo que tenemos, por la vida, porque respiramos, porque estamos con salud. Gracias por esto, por lo otro...¡las acciones de gracias todo el tiempo nos inspiran a alabar a Dios y Él habita en las alabanzas de su pueblo!

El Salmo 100 nos revela también aspectos sumamente interesantes que nos conducen a este estilo de vida completamente diferente, en el que el Dios de paz aplasta a Satanás bajo nuestros pies.

> "Entrad por sus puertas con acción de gracias, por sus atrios con alabanza; alabadle, bendecid su nombre".
> —Salmo 100:4

Con nuestras acciones de gracias, abrimos las puertas del Señor y llegamos a sus atrios con alabanzas. Si practicamos esto, el Dios de paz aplastará a Satanás bajo nuestros pies. Veremos el ocaso de la gente que no aprendió a dar gracias y no vivió en este nivel. Debemos dar gracias porque tenemos un techo que nos ampare del sol y de la lluvia. Dar gracias por la comida que nos alimenta, por nuestras vestimentas, por nuestro país que es un país de bendición.

Muchas personas se pasan la vida quejándose de todo, pero su Palabra nos exhorta a que en vez de quejarnos, alabemos al Señor: *Cantad alegres a Dios, habitantes de toda la tierra* (Salmo 100:1). ¡Este es un mandamiento! Toda la tierra tiene que cantarle alegre al Señor. Imagínese que el Señor está mirándole cada vez que le canta y alaba. Debemos cantarle con alegría. El estar alegre es una actitud de fe que debemos asumir. Yo decido estar alegre. No decido estar aburrido, no decido estar triste. ¡Decido estar contento!

Las acciones de gracias tienen más poder que las quejas.

> "Mas gracias sean dadas a Dios, que nos da la victoria por medio de nuestro Señor Jesucristo".
> —1 Corintios 15:57

Debemos darle gracias a Dios, antes incluso de que nos dé la victoria. ¡Gracias! ¡Gracias! ¡Gracias por todo! Es extraordinario saber dar gracias, por nuestro cónyuge, por los hijos, la familia, por nuestra célula, el trabajo, por nuestro jefe. ¡Es lo que Dios nos dio! Cuando damos gracias por ellos, los estarnos apreciando. Eso significa que los estarnos valorando. Esto es una cuestión de actitud.

Una vez oí que si las acciones de gracias son alabanzas

a Dios, las quejas son alabanzas al diablo. ¿Qué estamos declarando con la boca?

> "Mas a Dios gracias, el cual nos lleva siempre en triunfo en Cristo Jesús, y por medio de nosotros manifiesta en todo lugar el olor de su conocimiento".
>
> —2 Corintios 2:14

Dios detesta el lamento. Eso lo vemos en Números capítulo 14 cuando los hijos de Israel quejándose, dijeron: *¡Ojalá nos muriésemos en este desierto!*. En el versículo 33 dice la Palabra de Dios, que los que hablaron mal y no supieron agradecer a Dios se murieron todos en el desierto. ¡Que no nos mate el desierto! Empecemos a alabar a Dios y a darle gracias por todo. No seamos como algunas personas que oran así: "Señor, a mi cónyuge ilumínalo o elimínalo". El poder está en creer que Dios puede hacer las cosas cuando la actitud de nuestro corazón empieza a cambiar. Ahí cambia todo.

Muchas personas dicen que se les acabó el amor y eso es porque no supieron agradecer. ¡Agradece a Dios por todo! ¡Aprendemos este principio y no pasemos por alto ninguna bendición que el Señor nos da! No hablemos mal ¡porque hay poder en el nombre de Jesús!

> "…ni palabras deshonestas, ni necedades, ni truhanerías, que no convienen, sino antes bien acciones de gracias…dando siempre gracias por todo al Dios y Padre, en el nombre de nuestro Señor Jesucristo…".
>
> —Efesios 5:4,20

Cuando apliquemos este principio, viviremos una vida de tremendo poder y bendición. Cuando damos acciones de gracias a Dios, su gracia actúa sobre nosotros y nos abre sus puertas. Cuando le alabamos, entramos a sus atrios y lo que nos ocurre allí empezará a transformar las circunstancias a favor nuestro y todo el infierno estará bajo nuestros pies, no sobre nuestra cabeza. De esto se trata la guerra espiritual, de la acción de gracias: dar gracias en las buenas y en las malas. Si querernos que las "malas" cambien, entonces debemos entrar a sus atrios con acciones de gracias y alabanzas. Si queremos que las "buenas" continúen, debemos hacer lo mismo: acciones de gracias y alabanzas. Este es un principio para que el Dios de paz ponga a Satanás bajo nuestros pies y no esté más sobre nuestra cabeza.

ÉL NOS CONFIRMARÁ

"Y al que puede confirmaros según mi evangelio y la predicación de Jesucristo, según la revelación del misterio que se ha mantenido oculto desde tiempos eternos, pero que ha sido manifestado ahora, y que por las Escrituras de los profetas, según el mandamiento del Dios eterno, se ha dado a conocer a todas las gentes para que obedezcan a la fe, al único y sabio Dios, sea gloria mediante Jesucristo para siempre. Amén".
—ROMANOS 16:25-27

Capítulo 7
EL PODER DE LA LENGUA

S I DESEAMOS CAMBIAR la situación de nuestro hogar, debemos empezar a hablar bien de nuestra familia, aunque nuestros ojos naturales vean lo contrario. Esa es la guerra espiritual. Conozco el caso de una mujer que oró trece años por la conversión de su marido que estaba lejos del hogar, no se desanimó, creyó en la promesa de Dios y hoy en día, su marido está en Cristo, están los dos juntos y Dios puso amor en su corazón. ¡Esa es la verdadera guerra espiritual!

Recordemos que la Palabra de Dios dice que la vida y la muerte están en poder de la lengua (Proverbios 18:21 parafraseado), y que *si alguno no ofende en palabra, éste es varón perfecto, capaz también de refrenar todo el cuerpo* (Santiago 3:2). La lengua no debe manejarnos, sino que nosotros debemos manejar nuestra lengua porque la palabra que hablamos tiene poder. Una vez que una palabra salió, ya fue y puede ocasionar un daño, una herida, un agravio o por el contrario, la palabra puede ser de elogio, de reparación y de bendición. Con pronunciar la palabra, hacemos un juicio. Las emociones no nos deben controlar. El Espíritu de Dios quiere darnos la templanza, el amor, porque el amor tiene más poder que el odio y el resentimiento.

> "Mirad también las naves; aunque tan grandes, y llevadas de impetuosos vientos, son gobernadas con un muy pequeño timón por donde el que las gobierna quiere. Así también la lengua es un miembro pequeño, pero se jacta de grandes

cosas. He aquí, ¡cuán grande bosque enciende un pequeño fuego!".

—Santiago 3:4-5

Los demonios saben si estamos bien alineados a la Palabra de Dios. Por eso decían: *A Jesús conozco, y sé quién es Pablo; pero vosotros, ¿quiénes sois?* (Hechos 19:15). Si nos dejamos llevar por la carne y no nos alineamos a la voluntad de Dios, los demonios tienen poder sobre nosotros y con anterioridad, con estas actitudes abrimos las puertas al enemigo. Una puerta abierta puede ser el enojo con el cónyuge, con los hijos que crean problemas, etc. Debemos demostrar amor. Ese amor incondicional es el que nos va a llevar a vencer todas esas áreas que aún están sujetas a la carne. Cuando nos enojamos, la reacción carnal es la de maldecir y el diablo usa la palabra que hablamos, la cual genera ese poder para que él pueda hacerla realidad. Proverbios 18:20-21 dice:

> "Del fruto de la boca del hombre se llenará su vientre: se saciará del producto de sus labios. La muerte y la vida están en poder de la lengua, y el que la ama comerá de sus frutos".

El versículo 20 de Proverbios 18 nos dice que obtendremos todo lo que decimos con nuestros labios. Tanto Dios como el diablo pueden usar las palabras que decimos, "*...lo que dice, lo que diga le será hecho*" (Marcos 11:23). Es un principio: lo que hablamos, es lo que creemos. Cuando maldecimos a nuestros hijos, cónyuge, familiares o amigos, la Palabra se cumple en la vida de esas personas que maldecimos.

Cuando lanzamos una palabra, esta se convierte en una semilla. Sí es una palabra de bendición, el diablo va a querer interferir e intentará robar esa semilla. Dios, sin embargo, toma esa bendición y cuando perseveramos proclamando la palabra de fe, nos saciamos de su fruto.

En Romanos 10:8, encontramos lo siguiente:

"Mas ¿qué dice? Cerca de ti está la palabra, en tu boca y en tu corazón. Esta es la palabra de fe que predicamos".

La palabra de fe es la que hablamos y creemos. Si hemos creído que Dios nos bendice con abundancia, nosotros proclamamos abundancia.

La Biblia nos ilustra que la historia de Job está muy relacionada a los principios de la guerra espiritual relacionados con el uso de la lengua. Podemos leer la siguiente sentencia en Job 3:8: *Maldíganla los que maldicen el día. Los que se aprestan para despertar a Leviatán.* El que maldice *despierta*—abre una gran puerta—al diablo y este se vale de esas palabras para utilizar todos sus instrumentos. Conozco a personas que por una u otra razón, por algún incidente sucedido, dificultades en el trabajo o problemas familiares, maldicen ese día y todo lo acontecido.

Me enteré que en una emisión televisiva, la joven que dirigía inició el programa maldiciendo al camarógrafo, a los editores, a la gente de la producción. ¡Qué sensación de angustia tendrá el espectador, si también a él le llegan las maldiciones! Las personas que maldicen son instrumentos del diablo y son las que se aprestan para despertar a Leviatán. ¿Cómo se despierta a Leviatán? Con las maldiciones. ¿Qué es maldecir? Decir mal.

No maldigamos, sino por el contrario, al despertarnos debemos bendecir el día. Proverbios 11:11 nos dice: *Por la bendición de los rectos la ciudad será engrandecida; mas por la boca de los impíos será trastornada.* Cuando me levanto muy temprano en la mañana, empiezo a bendecir a mi país, Paraguay, bendigo a mi esposa, a mis hijos, el fruto de mi trabajo, a mis colaboradores en la iglesia, a mis amigos, a las autoridades; bendigo cada segundo del día y la palabra que hablo empieza a activar la bendición de Dios.

No seamos necios como ciertas personas que en la mañana, ni bien amanece ya maldicen a su trabajo, a sus jefes, a sus compañeros de labor, etc., y no se dan cuenta que están despertando a Leviatán, quien crea una atmósfera negativa a su alrededor, pues activa las obras diabólicas para que siga habiendo miseria, pobreza, violencia y muerte.

Nuestro adversario es el diablo y trata de destruirnos. Nosotros como hijos de Dios debemos cambiar nuestras circunstancias; bendecir nuestro lugar de trabajo, nuestro hogar, nuestra familia y proclamar la Palabra de Dios sobre toda situación adversa que se nos presente en el día. No obstante, debemos tener en cuenta que esta es una carrera de larga distancia. No solo con la palabra que hablamos ya está todo hecho. La fe y la paciencia obran las promesas de Dios.

¿Cuántos saben que la Palabra puede viajar sin que vaya por un teléfono? Podemos lanzar la palabra desde aquí y esta llegará a cualquier lugar por más distante que sea. En el plano natural, hay una estrategia denominada tecnología. Se levantan satélites y se transmite la palabra por medio de ondas. La palabra, cuando se fue, ya se fue, y vamos a rendir cuentas de toda palabra ociosa que hayamos hablado porque esas palabras están grabadas como un decreto en la atmósfera.

> "Mas yo os digo que de toda palabra ociosa que hablen los hombres, de ella darán cuenta en el día del juicio".
> —Mateo 12:36

Cuando decimos "inútil" a alguien, despertamos a Leviatán y va a la vida de esa persona a la cual maldecimos. El enemigo le susurra todo el día: "Eres un inútil", hasta que la persona cree y confiesa y en consecuencia, su autoestima decrece totalmente. Al término de un culto un domingo a la mañana, un joven me dijo: "Pastor, escucho una voz todo el tiempo que me dice: No valgo nada. Y le contesté: 'Tú vales lo que Dios vale, porque Él pagó con su vida por tu vida. Eres un campeón, más que vencedor'". Y al proclamar esa palabra, no es Leviatán quien se despierta, sino es el Espíritu de Dios porque Él está muy atento a los dichos de nuestra boca.

A las personas que vienen a la iglesia en busca de sanidad, yo les digo que cuando cruzan el umbral, en ese mismo momento están siendo sanadas por el poder de Dios, porque vienen con una expectativa de fe. Hay gente que dice que se va a enfermar y al final se enferma. Diariamente, yo proclamo que no voy a usar anteojos y todos los días batallo contra eso y... ¡cada vez veo mejor! Años atrás, me decían: "Pastor muy pronto vas a usar anteojos" y les respondía: "Maldigo tu palabra, en el nombre de Jesús".

El poder de la maldición es solamente para ir en contra de las tinieblas. Si el diablo instituye a sus hechiceros para maldecir el día y todo lo que nosotros hacemos ante esta realidad nosotros tenemos que bendecir el día y maldecir todas las adversidades: maldecir la miseria, la pobreza, el desempleo, las enfermedades, los crímenes, las coimas, las estafas; maldecir todas las desgracias de raíz, en el nombre de Jesús. El Señor nos concedió ese poder en su nombre cuando le despojó al diablo de toda la potestad que antes tenía sobre nosotros.

> "Sean gratos los dichos de mi boca y la meditación de mi corazón delante de ti, Oh Jehová, roca mía, y redentor mío".
>
> —Salmos 19:14

No tenemos que hablar mal de nadie, ni de nuestros padres, ni de nuestros ancestros, ni de las autoridades, ni de los líderes espirituales, porque al hacerlo, estamos violando los principios de autoridad establecidos por Dios, que se hallan en un perfecto orden. Para cambiar la situación, tenemos que hablar bien. La Iglesia tiene que empezar a hablar bien y no mal de nada ni nadie. También debemos tener cuidado con los chismes, con lo que oyen nuestros oídos. Los chismes contaminan el alma y hacen que veamos a las personas con prejuicios. Los chismes pueden llegar a destruir una familia entera. Con la Palabra debemos juzgar todo. Con el espíritu de nuestros labios matamos al impío. A un impío se lo mata con la Palabra de Dios, porque cuando recibe a Cristo, muere el impío y nace un hijo de Dios.

Al empezar a usar la palabra de bendición, todo lo que se proclama se activa sobre la vida de las personas. Dediquemos nuestra lengua al Espíritu de Dios. No gobernemos con nuestra vara de autoridad, por lo que vemos u oímos, sino por la Palabra de Dios.

Capítulo 8
GUARDAR LA MENTE

ANTES DE ENTRAR en guerra espiritual, debemos asegurarnos que todas las áreas de nuestras vidas están alineadas a la voluntad de Dios. Debemos guardar nuestra mente porque nos va a sobrevenir lo que pensamos. El diablo trata de controlar nuestra mente y nuestra manera de pensar.

La Biblia nos dice que yo soy lo que yo pienso. Y lo que yo pienso, es lo que yo hablo; y lo que yo hablo lo puede usar Dios a mi favor o el diablo en mi contra.

> "Porque cual es su pensamiento en su corazón, tal es él. Come y bebe, te dirá; Mas su corazón no está contigo".
>
> —PROVERBIOS 23:7

¿Qué expresaba Job? Su temor y que no se aseguró: "Eso fue lo que temía". Le aconteció lo que él pensaba y esperaba.

Muy por el contrario, el Señor nos dice lo siguiente:

> "Porque yo sé los pensamientos que tengo acerca de vosotros, dice Jehová, pensamientos de paz, y no de mal, para daros el fin que esperáis. Entonces me invocaréis, y vendréis y oraréis a mí, y yo os oiré; y me buscaréis y me hallaréis, porque me buscaréis de todo vuestro corazón".
>
> —JEREMÍAS 29:11-13

En la guerra espiritual, nos enfrentamos contra los poderes de las tinieblas y ellos nos van a probar tratando de controlar nuestra manera de pensar. Por ejemplo, si una mujer es insegura y celosa, ella abre las puertas para que las tinieblas depositen en su mente la desconfianza.

Entonces, cuando el marido regresa a la casa después del trabajo, la mujer le pregunta: "¿Dónde estuviste?". Las tinieblas le dicen: "Huele su ropa". Y entonces, la mujer le increpa diciéndole: "Este perfume no es el mío. ¿Quién se te acercó?". Luego, a la noche, mientras el marido duerme, la esposa no puede conciliar el sueño debido a que está carcomida por los celos y posiblemente más tarde caiga en una profunda depresión. Si analizamos esta situación, observamos que el diablo obtuvo el control total de la mente de la mujer, ya que su verdadera intención es destruirla completamente. De esta y mil maneras, el diablo puede controlar la mente de las personas que no se alinean a la voluntad de Dios.

> "No os conforméis a este siglo, sino transformaos por medio de la renovación de vuestro entendimiento, para que comprobéis cuál sea la buena voluntad de Dios, agradable y perfecta".
> —Romanos 12:2

Llevar cautivos los pensamientos a la obediencia a Cristo

¿Cómo nos podemos defender de los embates de Satanás en la mente? La Palabra de Dios nos da las armas para combatirla en 2 Corintios 10:3-6:

> "Pues aunque andamos en la carne no militamos según la carne; porque las armas de nuestra milicia no son carnales, sino poderosas en Dios para la destrucción de fortalezas, derribando argumentos y toda altivez que se levanta contra el conocimiento de Dios y llevando cautivo todo pensamiento a la obediencia a Cristo, y estando

prontos para castigar toda desobediencia, cuando
vuestra obediencia sea perfecta".

Como vemos en este pasaje, así como también en Efesios 6:12, nuestra guerra no es contra carne y sangre, sino
contra principados, potestades, gobernadores y huestes de
maldad, que nos atacan con dardos para cambiar nuestra
forma de pensar. Cuando no estamos fundados sobre la
Palabra, creyéndola de todo corazón como un niño, entonces el enemigo nos puede mover de nuestro lugar y
actuamos de manera inconstante. Cuando la duda viene,
Dios no puede producir el milagro en nuestra vida.

Los versos 3 y 4 nos dicen que no militamos en la
carne y que nuestras armas no son de la carne. ¿Cómo se
milita en la carne? Si alguien nos gritó, ¿debemos respon-
derle más fuerte? No, eso es militar según la carne. Los
hijos de Dios no militamos según la carne. Las armas de
nuestra milicia son poderosas. Si yo le grito más fuerte
a la persona que me gritó, yo creo que estoy usando un
arma poderosa. Mas el arma que Dios me dio es mucho
más poderosa que la carnal y es el amor.

> "…llevando cautivo todo pensamiento a la obe-
> diencia a Cristo".
> —2 Corintios 10:5

Cuando vienen pensamientos a nuestra mente con
argumentos falsos, debemos llevarlos cautivos a la obediencia a Cristo. Satanás utilizó argumentos falsos para
engañar a Eva, quien había recibido una Palabra de Dios.
Al lograr cambiarle el enfoque de la Palabra, el maligno
puede atacar directamente una verdad de Dios y fue así

que destruyó a Eva y a Adán, con consecuencias funestas para toda la generación adámica.

Nuestra arma es derribar argumentos, cazar las mentiras en nuestra mente y llevarlas cautivas a la obediencia a Cristo. El diablo dice que no vamos a poder; la Palabra de Dios indica: *Todo lo puedo en Cristo que me fortalece* (Filipenses 4: 13). ¿Qué, pues, haremos entonces? Tomar esa mentira y llevarla cautiva a la obediencia a Cristo, lo cual es creer lo que Él manifiesta: que sí podemos. Él nos señala en su Palabra: *Al que cree, todo le es posible* (Marcos 9:23).

El enemigo nos ataca diciendo: "Eso no te va a salir bien". Dios nos dice:

"Nunca se apartará de tu boca este libro de la ley, sino que de día y de noche meditarás en él, para que guardes y hagas conforme a todo lo que en él está escrito; porque entonces harás prosperar tu camino, y todo te saldrá bien" (Josué 1:8). Sin embargo, como ocurre generalmente, nuestra experiencia es otra en ese momento y estamos siendo atacados. Debemos tomar esas palabras del enemigo y llevarlas cautivas a la obediencia a Cristo. Con eso, estaremos derribando argumentos y toda altivez que se levanta contra el conocimiento de Dios, que es la Palabra. Los argumentos que el diablo lanza van en contra de la Palabra.

La gente que quiere acomodar su vida no va a aceptar la Palabra de Dios. Por eso, la Biblia dice que para entrar al Reino de Dios tenemos que ser como un niño, que toma la Palabra creyendo sin cuestionar lo que su Papá dijo. ¡Así recibiremos nuestro milagro! Pero todos estos argumentos que se levantan contra el conocimiento de Dios tienen que ser derribados.

"Y estando pronto para castigar toda desobediencia, cuando vuestra obediencia sea perfecta".
—2 Corintios 10:6

Nuestro entendimiento es renovado y los argumentos contrarios al conocimiento de Dios son derribados, cuando caminamos hacia la obediencia perfecta. Cuando andamos en la obediencia perfecta, ¿qué castigamos? La desobediencia, lo contrario a la Palabra. La obediencia es la Palabra de Dios. ¿Cómo se castiga la desobediencia? Ejecutando la Palabra mediante la obediencia. A la desobediencia se le castiga con la obediencia. Si desobedecemos, nuestra obediencia no funciona y entonces no podemos recibir nuestro milagro. ¿Cómo Cristo alcanzó la perfección?

Y aunque era Hijo, por lo que padeció aprendió la obediencia; y habiendo sido perfeccionado, vino a ser autor de eterna salvación para todos los que le obedecen. Aquí Hebreos 5:8-9 nos explica que fue solo a través de la obediencia. Debemos tomar la Palabra, hacerla nuestra creyendo y confesando que ella nos pertenece y se hará realidad en nuestra vida.

En la guerra espiritual, el diablo nos atacará para relativizar la Palabra. ¿Qué diremos? ¿Le creeremos pensando que no servimos, que Dios no nos llamó? ¿O derribaremos sus argumentos y llevaremos cautivos los pensamientos a la obediencia a Cristo? Dios nos dice: "Eres sano". El diablo responde: "Te voy a matar. Te vas a morir". ¿Qué vamos a confesar? ¿Lo que Dios nos dice o lo que el diablo sentencia? ¿Vamos a manifestar: "Me voy a morir de esta enfermedad"? ¿Cuántos años tiene que vivir una persona en su plenitud según la Biblia? Alrededor de ochenta años aproximadamente, ¡y bien!

Capítulo 9
CUIDAR LOS SENTIDOS

LOS OJOS, DICE la Biblia, son la lámpara del cuerpo, y *si tu ojo es bueno, todo tu cuerpo estará lleno de luz* (Mateo 6:22). Por nuestros ojos puede entrar todo lo que puede contaminarnos o todo lo que puede bendecirnos. Cuando por ejemplo, introducimos imágenes de películas de contenido pornográfico, nuestros ojos—que son nuestra lámpara—empiezan a apagar la luz que hay en nosotros y ella ya no puede proyectarse por nuestros ojos. Así la gente nos ve sin nuestra lámpara encendida, como un foco que apenas ilumina, como un foco con baja tensión. Cuando hay "baja tensión" en nuestras vidas, nuestros ojos lo revelarán.

Recuerdo haber visto hace un tiempo, a una persona que seis meses antes, caminaba y parecía que andaba en la estratosfera, con una luz inmensa en los ojos. Luego, tomó algunas decisiones equivocadas en su vida y cuando lo volví a ver, era otra persona. Tenía los ojos apagados, el pelo gris; envejeció. Lo que uno no se puede imaginar es que en esos meses se apartó de Dios, hizo lo malo y caminó en el error. La misma experiencia tuvo Leonardo da Vinci. Cuando iba a pintar a Jesús, buscó y encontró a un hombre hermoso para hacerlo. Vio en ese joven a la revelación de Cristo. Cuentan que años después, quiso pintar a Judas y fue a buscar a alguien a la cárcel como modelo y mientras pintaba, esta persona le preguntó si lo reconocía, a lo que da Vinci le contestó que no. El joven le dijo que él era el modelo que posó para representar a Jesús, a quien había pintado unos años atrás.

¿Qué fue lo primero que Dios le dijo a Caín cuando pecó? *Tu semblante ha caído* (Génesis 4:6). Sin embargo,

¡los ojos de Jesús vienen con fuego, con la potencia total del Espíritu que está adentro! Si introducimos a nuestros ojos imágenes que apagan el fuego del Espíritu, se irá apagando la luz de Cristo en nosotros. Por ello, nuestro cuerpo empezará a no reflejar esa luz. ¡Cuidemos lo que entra a nuestros ojos!

Nuestra lucha interior

Desde el preciso instante en que nos convertimos, en nuestro interior se empieza a generar una nueva naturaleza: la divina. Pero aún nos queda la carne, resultante de la herencia adámica y dentro de ese cuerpo todavía quedan pasiones desordenadas, que son las concupiscencias que están en la carne.

La concupiscencia va a emerger en todo momento y tenemos que luchar contra ella todos los días. Inclusive debemos desconfiar hasta de nosotros mismos. En la guerra espiritual, tenemos que defender nuestros sentidos para no ser engañados. ¿Qué es lo que me debe guiar? *Lámpara es a mis pies tu palabra, y lumbrera a mi camino* (Salmo 119:105). La Palabra de Dios es la lámpara que va a iluminar todos los días. Tenemos que aprender a caminar en obediencia a la Palabra.

La guerra espiritual es convencional como la que podemos observar entre los judíos y los palestinos, Estados Unidos, y Corea del Norte, que se amenazan lanzándose misiles y bombas, destruyéndose entre sí. El Reino de Dios no destruye…construye. Es al revés. Por eso, cuando la gente viene y nosotros le hablamos de guerra espiritual, no pueden entender, porque los cinco sentidos les engañan, porque solo viven en el plano natural. Pero el plano espiritual es mucho más poderoso y más fuerte. Por eso, tenemos que aprender a discernir la atmósfera y "saber cuándo hay olor a azufre".

En una vigilia de la iglesia, con la asistencia de casi cien personas, varios pastores estaban intercediendo y haciendo guerra espiritual. Llegó una persona con problemas mentales y con sus ropas muy sucias. Uno de los pastores la "olió" en el espíritu y la llevó afuera porque intentó interferir con la presencia del Espíritu Santo. Cuando regresó, después de liberar a esta persona, el pastor le dijo a una hermana que estaba a su lado: "Varona, el diablo estaba aquí" y ella sin discernir le contestó: "No, era fulano de tal". La persona que había ingresado al recinto de la vigilia, si bien despedía un fuerte olor por la falta de higiene, también olía fuertemente a azufre. ¡Tenemos que agudizar nuestro discernimiento! Cuando distinguimos el olor característico del azufre, debemos estar muy atentos.

La tentación

Al observar la vida de Jesús, podemos ver que Él nos representaba a nosotros. Leamos Mateo 4.

> "Entonces Jesús fue llevado por el Espíritu al desierto, para ser tentado por el diablo. Y después de haber ayunado cuarenta días y cuarenta noches, tuvo hambre".
>
> —v. 1-2

Una cosa que debemos comprender es que el tentador viene cuando tenemos hambre. Por supuesto, si estamos satisfechos y apenas podemos movernos, no podrá tentarnos con una empanada. Así mismo, la mujer tiene un ciclo en el cual se moviliza la ovulación y de cierta manera, el hombre también lo tiene y sabe los momentos atractivos en que la mujer está activando. Es en ese preciso instante en que el tentador va a tratar de provocar al varón. Por eso, es muy importante que las parejas casadas (lo aclaro bien) tengan relaciones normales todas las semanas.

Hay gente que dice que no tiene ganas y deja de tener uniones íntimas con su cónyuge durante un espacio prolongado de tiempo. Pero un día el cuerpo responde y es allí donde aparece el tentador y se presenta ante la persona para que esta cometa pecado sexual inducido por el mismo diablo. En la guerra espiritual, hay que entender esto. ¡Para el que tienes oídos, que oiga!

Mire cómo le vino el tentador a Jesús. Es sumamente importante vencer las tentaciones porque cuando lo hacemos, subimos a un nivel superior de capacidad de guerrear contra las fuerzas del maligno. Todo el ministerio de Jesús en el área de liberación, sanidad y milagros se inició después que Él logró dominar las tentaciones. Veamos en Mateo 4, cómo el diablo atacó a Jesús.

> "Y vino a él el tentador, y le dijo: Si eres Hijo de Dios, di que estas piedras se conviertan en pan".
>
> —v. 3

Cuando somos hijos de Dios, no tenemos que demostrarle a nadie que lo somos. Si a mí me dijeran: "Si eres el hijo de Emilio Guillermo Abreu, haz tres piruetas", yo no tendría que hacer ninguna pirueta para demostrar que soy el hijo de mi papá. No tenemos por qué demostrar nada a nadie. Solo debemos saber que somos hijos de Dios. Cuando lo somos, tenemos toda la investidura y todo el poder que estaba sobre Cristo. Ahora nosotros no operamos según el poder de nuestra fuerza, mas según el poder de su fuerza, y así, todo está sometido bajo nuestros pies.

El maligno ataca en la confusión porque si puede confundirnos, podrá luego fundirnos. Para hacerlo, trata de sacarnos del plano espiritual para ponernos en el plano natural. Por ejemplo, si estamos conduciendo un avión en medio de una tempestad, el diablo tratará de desviar nuestra atención de los paneles de control que nos indican cómo volar, y hacernos ver solo el peligro que se avecina. ¿Qué debemos hacer? Sacar los ojos de la tormenta y ponerlos en el panel. Nuestro panel es la Palabra de Dios. Lámpara es a mis pies tu Palabra y lumbrera a mi camino. Esto es de vida o muerte en la guerra espiritual.

Mateo 4:4 dice: *Él respondió y dijo: Escrito está: No sólo de pan vivirá el hombre, sino de toda palabra que sale de la boca de Dios.* La vida de un hijo de Dios depende de que vivamos de toda palabra que sale de la boca de Dios. La Biblia dice que amemos a Dios sobre todas las cosas (Marcos 12:30), y dice: *Si me amáis, guardad mis mandamientos* (Juan 14:15). También dice: *"Pues este es el amor a Dios, que guardemos sus mandamientos; y sus mandamientos no son gravosos* (1 Juan 5:3). Así yo le demuestro mi amor a Dios. No se trata del famoso "te amo, te amo, te amo, pero no te obedezco ni atrás ni adelante". Cuando yo estoy en la posición correcta, tengo una investidura tan tremenda que no hay poder ni en este siglo ni en el venidero que se pueda levantar contra mí.

En una ocasión, en medio de la celebración del culto, vino un joven a querer interferir con un momento espiritual. Yo "salté" de mi asiento, lo tomé y le dije: "Ven acá en el nombre de Jesús". Intentó rehusarse, pero lo llevé afuera y le pregunté: "¿Quién gobierna tu vida?". Empezó a corcovear porque yo sabía quién estaba gobernando. Fui muy duro y sabía que no le estaba hablando al chico, sino al espíritu que estaba dentro de él. Por eso, también Jesús aparentaba ser duro en muchas ocasiones cuando reprendía a los espíritus que oprimían a las personas. Debemos saber a quién nos estamos dirigiendo. Cristo, en su vida, pudo vencer todas estas tentaciones y luego, entró en su ministerio.

Capítulo 10
EL JUSTO POR LA FE VIVIRÁ

L A FE ES algo absurdo para las personas que quieren vivir conforme a la razón y la inteligencia, pues ellas se manejan directamente por los sentidos: conforme a lo que ven, a lo que oyen, huelen, gustan y palpan. Los cinco sentidos les gobiernan. La Palabra de Dios, sin embargo, dice que el justo vivirá por la fe.

¿Qué es operar por la fe, en la actualidad, en el siglo XXI? Es como un piloto que vuela a 37000 pies de altura, baja para aterrizar y se encuentra con una tormenta y una nube grande, que no le permite ver. El piloto, en ese caso, para no crear una tremenda catástrofe, necesita los aparatos para discernir y para saber dónde está, a qué altitud se encuentra, qué viene por el frente o por los costados. Lo mismo sucede con nosotros. Hoy día, la atmósfera que se ha generado en la sociedad ha creado una tremenda nebulosa que no le permite saber si van para arriba o van para abajo, y los que están sin Cristo y no tienen el discernimiento de espíritus se van y se estrellan.

En Mateo capítulo 8:26 vimos cómo Jesús los confrontó. Les dijo a sus apóstoles:

"¿Por qué teméis, hombres de poca fe?".

El temor es la ausencia del conocimiento del amor. *El perfecto amor echa fuera el temor (1 Juan 4:18).* El temor genera una tremenda inseguridad en la vida del individuo y es una manifestación de la falta de fe. La falta de fe es producto de la ausencia de una relación íntima con el Creador y de nuestro escaso desarrollo de la confianza en el Padre. Es por eso que los discípulos iban aprendiendo a confiar en Dios, pero Jesús los llamó: "hombres de poca fe". Y levantándose hizo algo que nosotros podemos hacer: reprender. Porque en Juan 14:12 nos dijo: *"El que en mí cree, las obras que yo hago, él las hará también; y aun mayores hará"* (Juan 14:12).

¿Qué hizo Jesús cuando los discípulos le despertaron a causa de la tormenta? Se levantó y reprendió a los vientos. Estos vientos y tormentas no fueron causados por Dios. Fueron producidos por las fuerzas del enemigo que arremetieron con el propósito de destruir la barca donde iban los apóstoles, pues de alguna manera descubrió la falta de madurez espiritual y de fe en la vida de los ellos. En nuestras vidas el temor es natural, pero cuando estamos llenos del amor de Dios, el temor tiene que salir completamente.

Dice la Biblia que se hizo grande bonanza y que los hombres se maravillaron diciendo: *¿Qué hombre es este que aún los vientos y el mar le obedecen?* (Mateo 8:26-27). Los vientos y el mar también deben obedecernos a nosotros. ¿Por qué? Porque la naturaleza conoce la autoridad de Dios.

RELACIÓN ENTRE EL PECADO Y LA ENFERMEDAD

Antes que Adán cayera en pecado, no había enfermedad. La práctica del error permitió que el pecado se introdujera en la línea sanguínea humana y generase todos los problemas que hoy tenemos. Pero ¿qué hizo Cristo? Primero tomó nuestros pecados y Él se convirtió en pecado. Luego tomó nuestras enfermedades. Por eso nosotros podemos depositar, no solamente nuestros pecados en la cruz, sino también entregar todas nuestras enfermedades y declararnos sanos y libres todos los días de nuestras vidas. Tenemos que hacerlo.

La sanidad

A veces en nuestras vidas no suceden los grandes milagros, pero sí ocurren las sanidades. La sanidad toma un proceso de fe y paciencia. Debemos creer en la promesa y tener la paciencia necesaria hasta que esa palabra produzca el resultado que buscamos. Y ¿cuál es el resultado? Ser sano, próspero, libre y recibir la promesa de Dios.

Ahora, los milagros pueden ocurrir cuando oramos por miles de personas, cuando Dios toca a una, toca a otra. No entendemos eso; son personas que están recibiendo la bendición del milagro. Pero la obra sanadora por la fe algunas veces lleva un tiempo. La fe y la paciencia son los frutos del espíritu que accionan en todas las obras de Dios.

Relación entre la fe y las enfermedades

"Entonces, entrando Jesús en la barca, pasó al otro lado y vino a su ciudad. Y sucedió que le trajeron un paralítico, tendido sobre una cama; y al ver Jesús la fe de ellos, dijo al paralítico: Ten ánimo, hijo; tus pecados te son perdonados".
—Mateo 9:1-2

Cuando vamos a abordar una situación, tenemos que tener la capacidad de ver si alguien tiene fe. Las personas que no se acercan a Dios con fe, no pueden recibir. La Biblia dice en Hebreos 11:6: *sin fe es imposible agradar a Dios*. El que se acerca para recibir algo de Dios debe creer que ya tiene lo que está pidiendo. El pasaje bíblico dice que cuando la mujer del flujo de sangre vio a Jesús, venció todos los obstáculos ¿por qué? Porque ella creía que si se acercaba a Cristo y tocaba el manto iba a ser sana. Cuando se le acercó y le tocó, simplemente recibió lo que ya creyó que recibiría antes de empezar a caminar hacia Jesús.

> "El que se acerca crea que le hay, porque Dios es galardonador de los que le creen".
> —Hebreos 11:6

Dios va a galardonarnos en lo que creemos al acercarnos a Él y el acercarnos es un proceso. Por esa razón tenemos que vencer varios obstáculos en nuestras vidas.

La fe de otros también me puede sanar

Jesús vio la fe, no del paralítico, sino de las cuatro personas que lo habían llevado esforzadamente ante su presencia. Quiere decir que la fe de otros también nos puede servir. La fe de terceros también nos puede ayudar a conseguir el milagro. Si otros creen por nosotros, la fe se nos contagia y activa en Cristo la autoridad para que *tus pecados te sean perdonados*. Situaciones como estas generan conflictos y aquí Jesús nos revela inmediatamente la relación entre la enfermedad y el pecado.

"Entonces algunos de los escribas decían dentro
de sí: Éste blasfema. Y conociendo Jesús los pensamientos de ellos, dijo: ¿Por qué pensáis mal en
vuestros corazones?".

—MATEO 9:3-4

El reclamo que Jesús nos hace es que cuando vamos
a recibir todo lo que Dios posee para nosotros, el corazón tiene que aprender a pensar porque siempre pensamos con el corazón. Cuando pensamos mal, nuestro
corazón genera una tremenda duda en nuestras vidas
y eso impide que Jesús pueda producir el milagro que
necesitamos.

APRENDER A SANAR
NUESTROS CORAZONES

Mi corazón tiene que estar sano. Los corazones enfermos
son aquellos que guardan rencor y no pueden perdonar.
Son los que esconden resentimientos, poseen raíz de
amargura, dificultad o problemas. No permiten que Dios
obre en su plenitud. Es por eso que usted y yo tenemos
que buscar la sanidad de nuestros corazones.

En este pasaje, Jesús reclamaba *por qué pensáis mal en
vuestros corazones*. Ese mal pensamiento impedía que
les llegase la bendición. Estas palabras nos revelan la relación existente entre el pecado y la enfermedad. *Porque,
¿qué es más fácil, decir: Los pecados te son perdonados,
o decir: Levántate y anda?* (Mateo 9:5) Esto es mara-
villoso. *"Pues para que sepáis que el Hijo del Hombre
tiene potestad en la tierra para perdonar pecados (dice*

entonces al paralítico): Levántate, toma tu cama, y vete a tu casa" (verso 6).

Cuando Jesús enuncia Hijo del Hombre, la frase representa a toda la humanidad porque Él nos transfirió como hijos de Dios la naturaleza divina y como Hijo de Hombre la autoridad y el poder para perdonar pecados.

¿Cómo genero el perdón de los pecados en la vida de la gente? Presentándole el evangelio y por ende, a Cristo. Cuando reciben la Palabra, no solamente pueden presentar la redención de sus pecados, sino también la expiación (que quiere decir reparar), la reparación de su cuerpo físico. Porque Cristo no solamente llevó todos nuestros pecados, sino también llevó todas nuestras enfermedades.

La enfermedad y el pecado están relacionados directamente. Cuando alguien viene a Cristo, puede cancelar el pecado o la enfermedad e inmediatamente esa persona podrá ser sana, pero tiene que creer que su pecado ya fue expiado y reparado. También el cuerpo tiene que ser expiado y reparado. Esa misma obra Jesús la hizo en la cruz del calvario, donde el pecado y las enfermedades se relacionan directamente. Él se llevó las dos cosas: nuestros pecados y todas nuestras dolencias (Isaías 53).

Capítulo 11
GUERRA ESPIRITUAL EN SU MÁXIMA PLENITUD: EL AMOR

E N LA GUERRA espiritual, echar fuera un demonio es prácticamente lo más sencillo. Sin embargo, conquistar el terreno que dominaban esos espíritus, es lo más difícil. En la Biblia, cuando se narra la historia de Josué, Caleb y el pueblo de Israel, podemos ver un ejemplo de ello.

> "Por tanto, no seáis rebeldes contra Jehová, ni temáis al pueblo de esta tierra; porque nosotros los comeremos como pan; su amparo se ha apartado de ellos, y con nosotros está Jehová; no los temáis".
> —NÚMEROS 14:9

Dice en Números 14:9 que el amparo ya se había retirado de los pueblos que los israelitas debían conquistar porque Dios ya había removido a los principados que protegían a tales pueblos. Sin embargo, lo que más nos cuesta hoy día es ir y tomar posesión de lo que el Señor ya nos dio.

Echar fuera un demonio es tan solo el principio de la guerra espiritual. La Palabra de Dios nos revela cuál es el siguiente paso para la vida espiritual máxima y plena que todo hijo de Dios puede vivir, para entrar en guerra espiritual y cambiar una nación. Estas, pues, son las armas no carnales, sino poderosas en Dios, de nuestra milicia.

Dice en Lucas 6:46:

> "¿Por qué me llamáis, Señor, Señor, y no hacéis lo que yo digo?".

El mensaje de este versículo es claro. De nada nos sirve llamarle a Jesús "Señor" todo el tiempo si no obedecemos y hacemos lo que Él dice. Podemos profetizar, sanar enfermos, hablar en otras lenguas y el Señor puede respondernos: *apartaos de mí, hacedores de maldad* (Mateo 7:23). Profetizar no es un indicio de ser una persona espiritual; hablar en lenguas ni hacer milagros, tampoco. El único y verdadero indicio de ser una persona espiritual lo descubriremos ahora, para poder hacer guerra espiritual en su máxima expresión, para derribar las fortalezas y tomar las estructuras de una nación y cambiarla para siempre.

En Lucas 6:27-31 encontramos varias enseñanzas de Jesús, a través de las cuales empezaremos a escalar a niveles espirituales sin precedentes en la historia y cambiaremos el destino de nuestro país, de nuestras familias y toda nuestra atmósfera. Pero previamente a eso, está un acto de la voluntad por el cual decidimos vivir la vida espiritual; no precisamente sentirla.

> "Pero a vosotros los que oís, os digo: Amad a vuestros enemigos, haced bien a los que os aborrecen; bendecid a los que os maldicen, y orad por los que os calumnian. Al que te hiera en una mejilla, preséntale también la otra; y al que te quite la capa, ni aun la túnica le niegues. A cual¬ quiera que te pida, dale; y al que tome lo que es tuyo, no pidas que te lo devuelva. Y como queréis que hagan los hombres con vosotros, así también haced vosotros con ellos".
>
> —Lucas 6:27-31

1. Amar a los enemigos

Amar a los enemigos es un acto de la voluntad. Nunca sentiremos amar a nuestros enemigos. Quizá nuestro más íntimo deseo es hacerles daño, vengarnos de ellos, no verlos nunca más.

El amor es el arma más poderosa que el cristiano tiene. Muchas veces, queremos reprender y echar fuera demonios, y eso es fácil porque con la autoridad de Cristo podemos echarles. No obstante, para cambiar una situación, Dios nos dice que debemos amar. Sin esto, el demonio va a salir por un breve tiempo y estará esperando turno para volver luego con siete espíritus peores y lograr así hacer un daño mayor, como lo dice la Escritura. Nosotros avanzamos con un arma llamada amor.

La gente veía a Jesús sentarse a comer con los pecadores y lo criticaban por estos actos. Jesús atacaba ese estilo de vida pecaminoso con el amor, compartiendo con ellos. Por el contrario, nosotros hablamos mal de los pecadores y nos alejamos de ellos. Tenemos que ser como Jesús y amar a esas personas.

2. Hacer bien a los que te aborrecen

Estas armas no son entendibles para el ser humano porque no hay inteligencia natural que pueda operar conforme a este tipo de mandamiento. Desde una perspectiva natural, si alguien nos aborrece, también queremos aborrecer a esa persona y mucho más. La Biblia, por su parte, dice que las dos únicas cosas que debemos aborrecer son el pecado y nuestra propia existencia en esta vida. Tenemos que aborrecer nuestra vida "en esta vida" y amar la vida de Dios porque no debemos vivir según los planes naturales, sino conforme a los planes espirituales, a su voluntad. Si es que deseamos gobernar con Cristo por la eternidad, estas armas son las más importantes que existen.

Imaginemos que en el sistema político se empiezan a aplicar estos principios y en lugar de aborrecerse y maldecirse, comiencen a amarse…¡El país sería otro! ¡El mundo sería otro! Para la mayoría de las personas, aplicar estos principios no es considerado como vida espiritual. Piensan que lo espiritual se asocia con la profecía y que alguien diga un misterio o un: "Así dice el Señor".

Estas enseñanzas que estamos estudiando, al parecer son tan sencillas, pero a la vez se vuelven difíciles para el hombre porque Dios esconde las grandes cosas en lo insignificante y en lo que nadie quiere hacer. Por eso es que la cruz es tan horrible, pero al otro lado de ella está la resurrección. Tenemos que pasar por esa puerta tan temible que es la cruz, donde nuestra voluntad es crucificada y entramos al nivel de resurrección para operar conforme a la visión de Dios y no a la nuestra.

3. Bendecir a los que le maldicen

La bendición tiene más poder que la maldición, y triunfa sobre ella. Cuando alguien nos maldice, está detrás la intención del enemigo para que entremos en el mismo juego y respondamos también con maldición, de manera que quedemos atrapados en la desobediencia y en las armas carnales. ¡A quien nos maldice, bendigámosle!

No debemos entrar en el círculo vicioso preparado por el enemigo. Para cortar toda maldición, debemos proferir bendición.

4. Orar por los que le calumnian

Esto no lo interpretemos como lo hicieron Juan y Jacobo en Lucas 9:54, pidiendo que cayese fuego del cielo y consumiese a los enemigos. En el Antiguo Testamento, aquellas eran las armas y ellos estaban intentando reaccionar conforme a esos principios. Sin embargo, el Señor Jesús les estaba enseñando las armas del futuro, del Nuevo Testamento, que son poderosas en Dios. Oremos por aquellos que nos calumnian. El Señor dice: *"¡Mía es la venganza!"* (Romanos 12:19), pero no le reclamemos. Eso le corresponde a Él.

En el libro de Apocalipsis, encontramos tres tipos de personas:

1. Debajo del trono de Dios, estaban aquellos que clamaban por venganza y justicia

"Cuando abrió el quinto sello, vi bajo el altar las almas de los que habían sido muertos por causa de la palabra de Dios y por el testimonio que tenían. Y clamaban a gran voz, diciendo: ¿Hasta cuándo, Señor, santo y verdadero, no juzgas y vengas nuestra sangre en los que moran en la tierra?".

—APOCALIPSIS 6: 9-10

2. Al frente del trono estaban, quienes lo aclamaban saludándoles con palmas (Apocalipsis 7:9-10). Estos ya no pedían venganza, sino que estaban alabando.

"Después de esto miré, y he aquí una gran multitud, la cual nadie podía contar, de todas naciones y tribus y pueblos y lenguas, que estaban delante del trono y en la presencia del Cordero, vestidos de ropas blancas, y con palmas en las manos; y clamaban a gran voz, diciendo: La salvación pertenece a nuestro Dios que está sentado en el trono, y al Cordero".

—Apocalipsis 7: 9-10

3. Por último, los que estaban en otro nivel, los que veían el rostro de Dios, escuchaban solo lo que Él decía y le cantaban un cántico nuevo. Estos son los que gobiernan con Cristo.

"Después miré, y he aquí el Cordero estaba en pie sobre el monte de Sion, y con él ciento cuarenta y cuatro mil, que tenían el nombre de él y el de su Padre escrito en la frente. Y oí una voz del cielo como estruendo de muchas aguas, y como sonido de un gran trueno; y la voz que oí era como de arpistas que tocaban sus arpas. Y cantaban un cántico nuevo delante del trono, y delante de los cuatro seres vivientes, y de los ancianos; y nadie podía aprender el cántico sino aquellos ciento cuarenta y cuatro mil que fueron redimidos de entre los de la tierra".

—Apocalipsis 14:1-3

Cada uno de nosotros debe decidir en qué nivel vivir. Si queremos gobernar con Cristo, ver su rostro y escucharle solo a Él, debemos empezar a practicar estos principios. Para hacerlo, tendremos que batallar contra nuestra propia carne y vencernos. El diablo ya está vencido. Ahora tenemos que vencernos a nosotros mismos. ¡Comencemos a amar a los demás!

5 Al que le hiera en una mejilla, dele también la otra

No reaccionemos ante las agresiones que recibamos porque el diablo buscará abrir una puerta para provocar una hecatombe y destruir todo. Cuando nos agreden o nos hieran en nuestras emociones o sentimientos, no contestemos con agresividad.

6. Al que tome lo que es suyo, no le pida que se lo devuelva

Algunas personas se quejan durante toda su vida por el daño o menoscabo que recibieron por parte de familiares o amigos. Incluso se están muriendo y siguen lamentándose de lo que alguna vez alguien les robó o causó perjuicios. No saben que Dios tiene cosas mejores para cada uno de nosotros. Si alguien nos despojó de algo o tomó lo que era nuestro, dejémoslo, pues lo que el Señor tiene para darnos vale mucho más de lo que perdimos. Él no quiere que nos distraigamos con lo insignificante. Lo más importante y la bendición para nuestra vida está por delante. El que nos haya despojado de algo es un ladrón y los ladrones están fuera de la voluntad de Dios. No pensemos que Dios no ve esa situación. Él observa y se hará cargo hasta el más mínimo detalle. Nosotros debemos seguir adelante y no pelear por minucias. Dios no quiere que quedemos atrapados en el pasado por situaciones adversas que nos han acontecido.

7. La regla de oro: haga a los demás lo que quiere que le hagan a usted.

Esto produce el cambio a través de la sinergia que provoca la atmósfera espiritual, conforme a la voluntad de Dios. No esperemos que los demás lo hagan primero con nosotros. Empecemos ahora. En Juan 3:16, dice:

"Que Dios de tal manera amó al mundo —el cual no quería saber nada de Él—, que dio a su único Hijo para que nadie perezca".

El amor de Dios es el amor ágape, incondicional. Es lo más poderoso que tenemos hoy. El amor sana, edifica, restaura y rehabilita las malas situaciones o circunstancias que afligen nuestras vidas. Como dice en Lucas 6:32-33, es fácil amarle y hacer bien a aquellos que nos aman y nos hacen bien. ¡Hasta los pecadores lo hacen!, dijo Jesús. Si queremos avanzar e ir más allá, debemos hacer lo que Jesús nos dice y así tendremos mérito.

Por eso, Jesús dijo que en balde le llamamos "Señor, Señor", si no hacemos lo que Él nos dice. Y esto que acabamos de descubrir es lo que ahora nos está diciendo que hagamos. Así revelaremos su vida y no la nuestra, haremos su voluntad y no la nuestra. Será su poder y no el nuestro.

El Señor Jesús nos dejó un mandamiento: *Que os améis unos a otros, como yo os he amado. Nadie tiene mayor amor que este, que uno ponga su vida por sus amigos* (Juan 15: 12-13). Así debe ser, si queremos conquistar nuestras naciones para Cristo y establecer su Reino. ¿Cuántos de nuestros familiares o amigos cercanos han partido de este mundo sin conocer al Señor? No les hemos predicado antes porque no hemos comprendido a cabalidad este mandato del Señor Jesús.

En todos los actos de nuestra vida debe primar el amor porque Dios es amor; Él nos amó primero y nos envió a su único Hijo para que creamos en Él y tengamos vida eterna (lea Juan 3:16). Esa es la forma más fácil y recomendada por Jesús en su Palabra, de hacer guerra espiritual.

Capítulo 12
JESÚS ESTABLECIÓ UN NUEVO PARADIGMA

TODOS NECESITAMOS, CADA día, de un toque del Señor. *"Bienaventurados los pobres de espíritu"*, dice Mateo 5:3. Los que necesitan cada día más del Señor dicen: "Señor, soy tan pobre que necesito más de ti, quiero más de tu poder, quiero más de tu gloria. Aunque todo el Espíritu de Dios esté en mí, toda la obra redentora de Cristo esté en mí, yo quiero todos los días un toque nuevo de Cristo". Felices los pobres de espíritu, los que vienen buscando, adorando, alabando a Dios, los que quieren ver la gloria de Dios y quieren ver el rostro de Dios.

Los fariseos, los religiosos condenaron a Jesús y Él al oírlos les dijo:

> "Los sanos no tienen necesidad de médico, sino los enfermos. Id, pues, y aprended lo que significa misericordia quiero, y no sacrificio. Porque no he venido a llamar a justos, sino a pecadores, al arrepentimiento".
>
> —MATEO 9: 12-13

El nuevo paradigma: *"misericordia quiero"*. Es lo que Cristo vino a esta tierra a establecer: el Reino de Dios y su misericordia. El Señor quiere misericordia. El Reino de Dios es misericordia. Y ¿qué es misericordia? Es en primer lugar amor, porque sin amor no hay misericordia. Es también un favor, en el que podemos relacionarnos con la gente que no tiene la capacidad de relacionarse con nosotros. Aunque la gente nos condene, debemos seguir siendo personas de influencia buscando dónde está el necesitado, dónde están los enfermos, los que están en las drogas, en los vicios, los que están en el alcohol, y por consiguiente, lejos de Dios. Pero ahí está la Iglesia. Misericordia (amor) quiero, más que sacrificios.

Porque Él vino a buscar a los perdidos. Porque los que ya están en la casa, gloria a Dios, pero a los perdidos iremos a buscarlos en el nombre de Jesús. La iglesia se va a llenar de exprostitutas, exmafiosos, exdrogadictos, expecadores, exenfermos que serán sanos en el nombre de Jesús. Esa es la gran comisión que el Señor nos encomendó y debemos cumplirla. Porque así como Él nos rescató del pecado y del mundo en que vivíamos, amándonos primero, nosotros también debemos amar y llevar en amor a todas las personas de nuestro entorno a los pies de Cristo.

> "Porque de tal manera amó Dios al mundo, que ha dado a su Hijo unigénito, para que todo aquel que en él cree, no se pierda, mas tenga vida eterna".
>
> —Juan 3:16

El desafío hoy queda en manos de la Iglesia. Debemos romper el paradigma de Iglesia para adentro, destinada a convertirse en aguas estancadas, o convertirnos en una Iglesia para afuera, con mente de reyes que toman posesión de ciudades y naciones con estrategias del Reino, no mirando cada uno por lo suyo propio, sino cada cual por lo del otro.

> "Y será la justicia cinto de sus lomos, y la fidelidad ceñidor de su cintura. Morará el lobo con el cordero, y el leopardo con el cabrito se acostará; el becerro y el león y la bestia doméstica andarán juntos, y un niño los pastoreará. La vaca y la osa pacerán,

sus crías se echarán juntas; y el león como el buey comerá paja. Y el niño de pecho jugará sobre la cueva del áspid, y el recién destetado extenderá su mano sobre la caverna de la víbora. No harán mal ni dañarán en todo mi santo monte; porque la tierra será llena del conocimiento de Jehová, como las aguas cubren el mar".

—Isaías 11:5-9

Si creemos lo que expresan estos versículos ¡imagínense a los políticos más enemistados entre sí, abrazados! ¡Los problemas políticos en el Paraguay se solucionarán no con la religión, sino con el Espíritu de Jehová! ¡Gloria a Dios!

Ni el lobo es malo ni el cordero es malo. Ambos fueron creados por Dios y, como dice el pasaje, llegarán a morar juntos, porque existirán el perdón y el amor.

NOTAS

Capítulo 1

1.   El ayatolá Alí Jameneí declaró que *"la desaparición del Estado de Israel no será difícil".* Diario ABC Color. 28 de febrero de 2010, p. 89. Asunción-Paraguay.

2.   Acerca de esto, podemos leer en la obra del profeta Rick Joyner (autor de *"La búsqueda final"),* en donde el Señor le revela a los demonios que, si bien no poseen al cristiano, lo influencian, lo montan y vomitan encima de ellos a consecuencias del pecado, del temor, de la depresión, etc.

3.   Pedro Juan Caballero es una ciudad paraguaya, situada en la frontera norte con Brasil.

Capítulo 2

1.   Charisma Magazine 2007

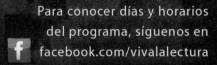

Para más información visite:

Iglesia Centro Familiar de Adoración

www.cfa.org.py